An Guad`n!

Der Bodensee ist nicht nur in eine phantastische Landschaft gebettet, sondern auch aus kulinarischer Sicht eine Top-Adresse. Neben dem Anbau von Wein, Obst und Gemüse ist es vor allem die große Vielfalt seiner Wasserbewohner, die Fischliebhaberherzen höher schlagen lässt. Und da liegt es natürlich nah, dass ich – nach meinen Fischkochbüchern vom Starnberger See, vom Chiemsee und vom Oberland (s.S. 24) – nun auch die Lieblingsrezepte von Bodensee-Berufsfischern aus Bayern, Baden, Württemberg und vom Untersee in diesem Buch zusammengetragen habe.

Wer die Köstlichkeiten, die man aus Felchen, Kretzer, Zander, Hecht, Seesaibling und -forelle, Karpfen, Aal, Weißfischen & Co. zubereiten kann, zu schätzen weiß, kommt auch hier voll auf seine Kosten. Wieder haben Fischerfamilien ihre Küchengeheimnisse verraten und für die appetitanregenden Fotos selbst gekocht. Alles live und direkt vor Ort in ihren Küchen – authentischer geht´s nicht!

Hierfür möchte ich mich bei allen Beteiligten sehr herzlich bedanken, insbesondere natürlich bei den fleißigen Fischerfamilien, die mit ihren Rezepten gezeigt haben, wie einfach sich aus den Fischen des Bodensees die schmackhaftesten Gerichte zaubern lassen. Mein Dank gilt darüber hinaus den Vorständen der vier deutschen Bodenseeberufsfischer-Organisationen: Roland Stohr (Bayern), Norbert Knöpfler (Württemberg), Martin Meichle (Baden) und Stefan Riebel (Untersee). Für die interessanten Informationen rund um das Thema „Fisch & Wein" bedanke ich mich bei Frau Anita Schmidt vom Winzerverein Hagnau, und wie immer hat mich auch bei diesem vierten Fischkochbuch wieder Fischwirtschaftmeister Ludwig Koch unterstützt, dem natürlich auch mein herzlicher Dank gilt.

Viel Spaß nun allen Lesern beim Nachkochen und Genießen der g`schmackigen Fischrezepte vom Bodensee und guten Appetit!

Ihre Dr. Eva-Maria Schröder

Die Fischerei am Bodensee

Mitten im Dreiländereck Deutschland, Österreich und Schweiz liegt der vom Rheintalgletscher geprägte Bodensee. Der größte deutsche Voralpensee wird auch das „Schwäbische Meer" genannt, u.a. weil es ab einer Wassertiefe von 25 m keine Grenzen gibt und dort auf dem internationalen Gebiet vom „Hohen See" gesprochen wird. Die Berufsfischer aller drei Länder dürfen im gesamten Hohen See ihre freitreibenden Schwebnetze auslegen, nur der ufernahe Bereich bis 25 m wird den einzelnen Anrainerländern hoheitlich zugeordnet. Die Geschichte der Fischerei hat auch hier eine lange Tradition, seit Generationen fahren die Fischer auf den See hinaus, um mit dem Fischreichtum des Bodensees ihren Lebensunterhalt zu verdienen. Die oftmals schwere Arbeit beginnt für die Männer und Frauen(!) bereits bei Sonnenaufgang und endet oft erst spät abends, wenn die kleinen, nahezu offenen Boote wieder im Heimathafen einlaufen.

Das Handwerk selbst hat sich in all den Jahren kaum verändert, die Boote sind zwar heute motorisiert und nicht mehr aus Holz, sondern aus Kunststoff, und Navigationsgeräte erleichtern das Auffinden der Treibnetze. Aber es ist noch gar nicht so lange her, da wurde bei Wind und Wetter von Hand gerudert, und die Netze waren noch aus selbst gestrickten schweren Naturfasern (Baumwolle, Hanf), die mühsam wieder getrocknet werden mussten. Heute verwenden die Fischer moderne Kunststoffasern für ihre Fang-, Schweb- und Stellgeräte wie Reusen, netze. Nichts desto trotz ist die Fischerei nach wie vor ein harter und mühsamer Beruf – die Fischerinnen und Fischer gehen teilweise ganzjährig auch bei Sturm, Regen, Nebel, Eis und Schnee ihrer anstrengenden Arbeit nach, um köstlichen

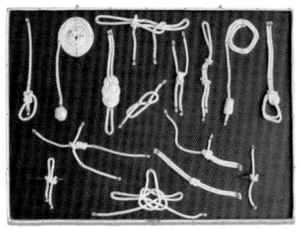

Fisch für verwöhnte Gaumen zu fangen. Die Natur entschädigt sie dafür allerdings oft auch mit der herrlichen Ruhe auf dem See in den frühen Morgenstunden und traumhaften Sonnenaufgängen bei herrlicher Alpenkulisse.

Die heutigen Berufsfischer sind nicht nur Nutzer des Sees, sondern auch darauf bedacht, seine Fischvielfalt zu erhalten und zu pflegen. Die Nachhaltigkeit der Fischerei ist seit Ende des 19. Jahrhunderts mit der Bregenzer Übereinkunft zwischen den Anrainerstaaten einheitlich und verbindlich für alle geregelt. Das Augenmerk liegt darauf, den Fischbestand zu erhalten, zu vermehren und die verschiedenen Fischarten in ein gutes Gleichgewicht zu bringen. Schonzeiten und

Schonmaße sowie Maschenweite, Größe und Zahl der Fanggeräte sind festgelegt. Zum Bestandsschutz liefern die Berufsfischer zudem Fischlaich an die 7 Bruthäuser rund um den Bodensee, hier werden Jungfische herangezogen und ausgesetzt, um den Bestand zu sichern. Trotzdem machen es Kormorane und das inzwischen zu nährstoffarme Wasser den Fischern schwer, mit den heutigen Fangerträgen ihre Existenz zu sichern. Würde der Phosphatgehalt des Sees nur minimal angehoben, würde der gesamte Ökokreislauf profitieren und die Fische hätten mehr Nahrung und bessere Wachstumsbedingungen. Die gute Trinkwasserqualität und die Gewässergüte wären dadurch in keiner Weise gefährdet.

Es tummelt sich eine breite Palette von Fischarten im Bodensee, der Felchen ist jedoch der „Brotfisch" der Fischer. Dieser feine Leckerbissen macht mindestens die Hälfte des Gesamtfangs aus. Neben dem Felchen verwöhnt der Bodensee auch mit Kretzer, Zander, Seeforelle, Seesaibling, Hecht, Trüsche, Aal, Karpfen, Wels, Schleie, Brachse, Rotauge und anderen Weißfischarten – köstlich sind sie alle. Die Fangarten und -quoten schwanken von Jahr zu Jahr, von Obersee zu Untersee. Obwohl die Fischarten der einzelnen Seeteile sehr ähnlich sind, gibt es doch Unterschiede – so ist der Fang beispielsweise im flachen Wasser des Untersees anders zusammengesetzt als am tieferen Obersee.

Die Fischerfamilien vermarkten ihren Fang selbst – an die umliegenden Restaurants, im eigenen Hausverkauf, Hofladen oder auf den Märkten der Region. Einheimische, Gäste und Gastronomie werden mit frischem oder geräuchertem, oftmals auch weiter veredeltem Fisch verwöhnt. Man kann bei den Berufsfischern die Fische küchenfertig, das heißt geschuppt und ausgenommen, als Filet oder geräuchert bekommen. Einige Betriebe bieten zusätzlich auch weiterverarbeitete Fischspezialitäten wie Fonds, Suppen, Sülzen, Salate, eingelegte und marinierte Fische, Fischfrikadellen und sogar Felchenkaviar an. Und ein leckeres Fischbrötchen schmeckt unterwegs auch gerne mal schnell aus der Hand.

Die Adressen der bayerischen, württembergischen und badischen Fischerfamilien, die für dieses Buch ihre Lieblingsrezepte verraten haben, finden Sie ab Seite 26.

Kulinarisches aus dem Bodensee

Der Bodensee ist ein guter Lebensraum für wohlschmeckende Speisefische, jedoch kein Selbstbedienungsladen. Die natürliche Lebensweise der Fische in Abhängigkeit von den Jahreszeiten sowie die zur Arterhaltung festgesetzten Schonzeiten bringen es mit sich, dass nicht alle Fische ganzjährig gefangen werden dürfen. Die Schonzeiten für die einzelnen Fische, sowie für Ober- und Untersee, sind unterschiedlich, während dieser Zeit dürfen keine Spezialnetze ausgelegt werden. Dennoch müssen Sie auch dann nicht gänzlich auf Felchen & Co. verzichten. Viele Fischer verkaufen sie tiefgefroren im Ganzen oder als Filet. Und in veredelter oder geräucherter Form sind die Leckerbissen vielerorts oft ganzjährig erhältlich.

Wohlschmeckende Bodenseefische

Felchen

Der köstliche Felchen ist seit je her der „Brotfisch" der Bodenseefischer, sein Anteil an den Fangerträgen liegt bei deutlich über 50 %. Er ist schmal und silbrig, zwischen Rücken- und Schwanzflosse hat er, wie alle forellenartigen Fische, eine Fettflosse. Felchen werden häufig in geräucherter Form angeboten, aber auch gebraten, gedünstet und gegrillt schmecken sie köstlich und sind als Fischfilet auch unkompliziert von Kindern und Fischskeptikern zu genießen. Man kann Felchen sehr vielfältig, von rustikal-einfach bis elegant in Champagnerschaum zubereiten – in jeder Form sind sie ein feines, regionales Geschmackserlebnis. Und der im Winter erhältliche gold-orangefarbene, sehr feinkörnige Felchenkaviar ist eine ganz besondere Spezialität. Schonzeit Obersee 15.10. – 10.01, Untersee 15.10. – 18. 12.

Kretzer (Egli, Barsch)

Der Kretzer, erkennbar an seinen Streifen und gelben Flossen, ist eine wahre Delikatesse aus dem Bodensee. Er lebt vorwiegend in den Flachwasserbereichen der Uferregion und gehört zur Gruppe der Barsche. In der Schweiz heißt er Egli. Sein Fleisch ist sehr zart und hell und schmeckt gebraten oder gedünstet gleichermaßen gut. Schonzeit Obersee 01.05 – 20.05., Untersee besondere Festsetzung.

Seeforelle

Die Seeforelle gehört zu den lachsartigen Fischen und hat einen silbrigglänzenden, torpedoförmigen, seitlich abgeflachten Körper, sie kann deutlich größer als der Felchen werden. Das köstliche zart rosa bis intensiv rote Fleisch der Seeforelle macht sie zu einem besonders attraktiven Speisefisch, sie eignet sich hervorragend zum

Braten, Dünsten, Blaukochen und Räuchern. Schonzeit Obersee 01.11. – 10.01, Untersee 01.10. – 31.12.

Seesaibling

Auch der Seesaibling gehört zu den lachsartigen Fischen und liebt das tiefe, saubere Wasser des Bodensees. Der Saibling ist ein feiner Speisefisch mit rosarotem, fettarmem, festem Fleisch und eignet sich ähnlich wie die Forelle zum Braten, Blaukochen (auch er muss wegen seiner kleinen Schuppen nicht geschuppt werden) sowie Räuchern. Schonzeit Obersee 01.11. – 31.12., im Untersee nicht heimisch.

Zander

Der sehr beliebte Zander, ein barschartiger Raubfisch, ist mit seinem weißen, blättrigen Fleisch eine Delikatesse, gebraten oder gedünstet in einer feinen Soße überzeugt er nicht nur Fischliebhaber. Schonzeit Obersee 01.04 – 31.05.

Hecht

Der Hecht ist ein einheimischer Raubfisch, der durchaus über 1 m lang und über 20 kg schwer werden kann. Als Speisefisch ist er sehr geschätzt und hat ein sehr fettarmes Fleisch. Dank einer neu entwickelten Schnitttechnik kann der Fischer heute die störenden Gräten größtenteils herausschneiden, so dass grätenfreie Hechtfilets für noch mehr Genuss sorgen. Hecht schmeckt gebraten, gedünstet, als zarte Hechtnockerln oder auch sauer eingelegt. Obersee keine Schonzeit, Untersee 15.03. – 15.05.

Weißfische

Als Weißfische werden verschiedene Süßwasserfische wie z.B. Brachse oder Rotauge zusammengefasst. Sie sind meist sehr wohlschmeckend, aufgrund ihrer vielen Gräten aber oft aufwändig zu bearbeiten – die Fischer haben jedoch auch hier ihre spezielle Methode: Mit Grätenschneidemaschinen zerkleinern sie die Gräten, so dass auch diese kulinarischen Leckerbissen als Filet problemlos zu genießen sind. Weißfische werden auch gern für Fischpflanzerl oder –nockerln verwendet oder sauer eingelegt (mariniert), beispielsweise wie Brathering in Essig, denn durch die Säure wird der Kalk der Gräten aufgelöst. Die Brachse ist gerade auch geräuchert eine Delikatesse.

Aal, Karpfen & Co.

Natürlich tummeln sich noch diverse andere Speisefische im Bodensee, beispielsweise der schlangenartige Aal. Er ist mit seinem wohlschmeckenden, fettreichen Fleisch sehr beliebt und eignet sich u.a. hervorragend zum Räuchern. Auch schmackhafte Karpfen, Schleien, Trüschen und Welse gehen den Fischern am Bodensee in die Netze.

Fisch – ein gesundes und hochwertiges Nahrungsmittel

Im Bodensee wächst also eine Vielzahl wohlschmeckender Speisefische heran, die von den Berufsfischern gehegt und gepflegt werden. Und natürlich bestandsschonend gefischt – denn unsere einheimischen Fischarten sind gesunde, schmackhafte Lebensmittel! Eiweißreich, kalorienarm und im Prinzip reine Bioqualität, obwohl sie diese Bezeichnung offiziell nicht führen können.

Ernährungsexperten empfehlen 1 – 2 Fischmahlzeiten pro Woche. Fischgerichte stellen eine wohlschmeckende und gesunde Alternative zu Fleisch dar. Das breite Angebot und die vielfältigen Zubereitungsmöglichkeiten bieten jede Menge Abwechslung und Raum für kulinarische Neuentdeckungen. Durch seine wertvollen Inhaltsstoffe ist Fisch ein wichtiger Bestandteil einer vollwertigen Ernährung, denn er liefert uns hochwertiges Eiweiß, gesunde Fettsäuren, Vitamine sowie wichtige Mineralstoffe und Spurenelemente. Fisch ist eines unserer gesündesten Nahrungsmittel und zudem ein kulinarischer Tausendsassa.

Für eine Portion können Sie 150 – 250 g Fischfilet oder 250 – 350 g ganzen Fisch rechnen. Bei den Fischerfamilien können Sie meist direkt ab Hof küchenfertig vorbereitete Fische kaufen: Die Fische sind ausgenommen und geschuppt, auf Wunsch filetiert, zum Teil geräuchert, eingelegt und mariniert. Lassen Sie sich von der Vielfalt der zur Verfügung stehenden Vor- oder Zubereitungsmöglichkeiten überraschen, in jedem Fall erwartet Sie ein frisches, hochwertiges Naturprodukt direkt vom Fachmann beziehungsweise der Fachfrau.

Was man bei Einkauf und Umgang mit frischem Fisch beachten muss und welche g`schmackigen Gerichte sich einfach und schnell mit den Wasserbewohnern zubereiten lassen, zeigen wir Ihnen auf den kommenden Seiten. Aus Fisch lässt sich mit ein klein wenig Wissen relativ einfach ein köstliches Mahl zaubern, und bei schmackhaft und grätenfrei zubereiteten Gerichten greifen auch Kinder gerne zu. Zudem sollte man nicht vergessen, dass eine schöne Fischmahlzeit mit einem Gläschen Wein immer ein bisschen Luxus in den Alltag bringt.

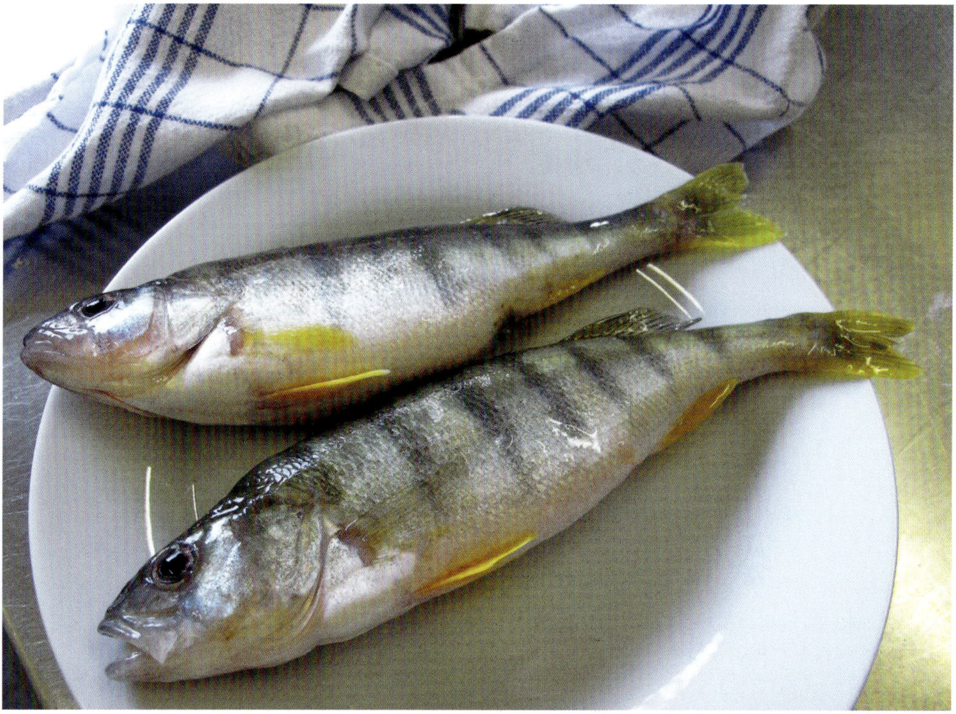

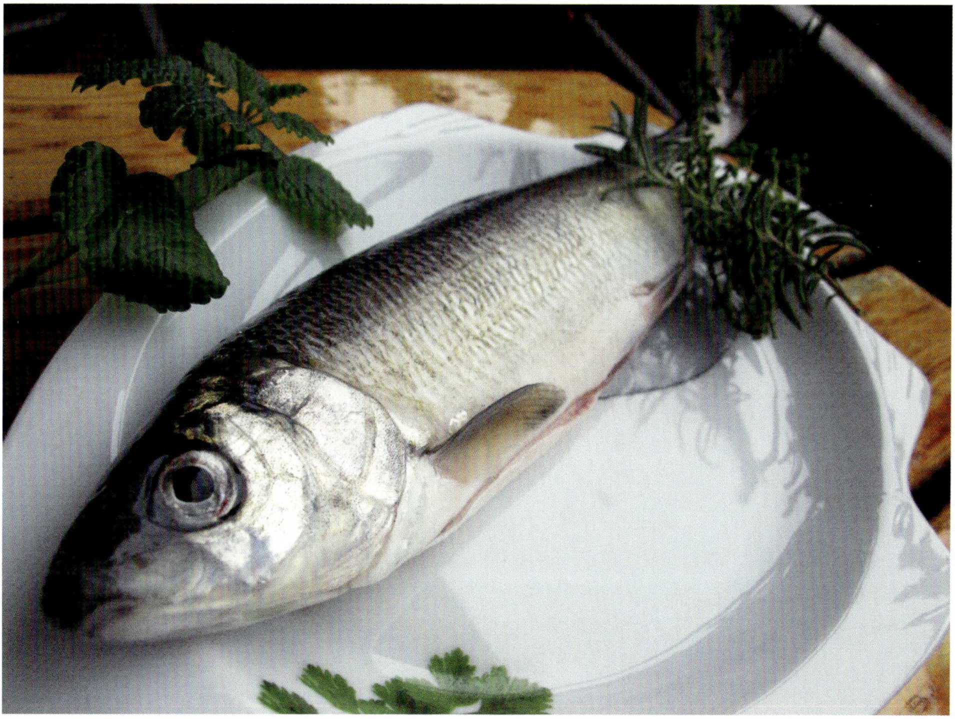

Vom richtigen Umgang mit frischem Fisch

Fisch ist ein sehr empfindliches Lebensmittel, das schnell verdirbt. Deshalb gilt es bei Kauf, Transport, Lagerung und Zubereitung wichtige Regeln zu beachten.

Frischekriterien

Beim Fischkauf können Sie anhand einiger Merkmale schnell feststellen, ob es sich um frische Ware handelt:

- *Frischer Fisch „fischelt" nicht, er riecht frisch nach „seinem" Gewässer, aber nicht unangenehm fischig.*
- *Die Augen sind prall und glasklar, nicht eingesunken oder trüb.*
- *Die Kiemen sind von leuchtend roter Farbe und deutlich erkennbar. Vor der Zubereitung sollten sie jedoch unbedingt entfernt werden, Ihr Fischer macht das gerne für Sie.*
- *Die Haut ist glänzend-feucht mit einer klaren Schleimschicht und hat (ungeschuppt) festsitzende, glatte Schuppen.*
- *Das Fleisch ist fest und elastisch ohne Druckstellen; bei leichtem Druck auf das Fischfleisch bleibt keine Mulde zurück.*

Was bei ganzen Fischen gilt, ist auch bei Filets und geräuchertem Fisch zu beachten – die Ware darf nicht unangenehm nach Fisch riechen. Fischfilets müssen feuchtfrisch wirken und die einzelnen Muskelsegmente dürfen nicht auseinander klappen. Beim Kauf von Fischen direkt vom Fischer können Sie sicher sein, immer wirklich frischen Fisch zu bekommen, denn **Fischkauf ist Vertrauenssache!**

Der Fisch muss entspannen können

Fisch sollte man immer so frisch wie möglich essen, aber nicht nach der Methode „aus dem Wasser in die Pfanne". Denn durch die Hitze würde sich das Fischfleisch unweigerlich aufdrehen, die Haut aufplatzen und zusammenziehen. Felchen & Co. sollten Sie deshalb am besten 1 Tag nach dem Fang garen. Fisch aus dem Meer verzehren Sie dagegen möglichst am Tag des Einkaufs, denn sein Fang liegt ja schon etwas zurück.

Fische mögen es kühl

Fisch benötigt immer eine ausreichende Kühlung, auch beim Transport (Kühlbox im Sommer!), und eine sachgerechte Lagerung bei ca. 3–4 Grad Celsius. Legen Sie den Fisch zuhause in eine abgedeckte Schüssel im kältesten Teil des Kühlschranks, und bereiten Sie ihn innerhalb von einem Tag zu.

Fisch einfrieren

Sie können Fisch auch einfrieren, am besten mit der Schock- oder Schnellgefrierfunktion Ihres Tiefkühlgerätes. Stellen Sie dazu das Gerät einige Stunden vorher auf die kälteste Stufe und frieren Sie dann den Fisch portionsweise ein. Magere Fischen vertragen den Kälteschlaf etwa 5 Monate, vakuumiert auch länger. Fetter Fisch sollte nach 2 Monaten „aufgeweckt" werden, vakuumverpackt bleibt auch er deutlich länger frisch. Tauen Sie gefrorenen Fisch immer langsam auf, am besten im Kühlschrank, sonst leidet seine Qualität.

Die drei großen „S"

Aus den Zubereitungstipps für Fisch sind sie nicht wegzudenken: Die drei großen „S" – Säubern, Säuern, Salzen. Säubern und Salzen sind ein Muss, das Säuern nicht unbedingt. Früher diente es vor allem dazu, den Geruch nicht mehr ganz frischer Fische zu überdecken, aber bei fangfrischem Fisch aus dem Bodensee gibt es das Problem natürlich nicht. Zwar verträgt sich Fisch wunderbar mit Zitrone, aber die kann man nach Geschmack auch kurz vor dem Verzehr darüber träufeln. Zuviel Säure beim Garen tut dem zarten Fischfleisch nämlich nicht gut! Es sei denn, man säuert (mariniert) rohen Fisch mit Zitronensaft, um ihn anschließend ungegart zu verzehren, dann übernimmt die Säure der Zitronen die Funktion des Garens!

Tipp: *Wenn Sie sich den frischen Fisch beim Fischer vakuumieren lassen, hält er sich im Kühlschrank ein paar Tage länger, Räucherfisch so auch bis zu 14 Tage. Vakuumiert können Sie den Fisch auch portionsweise gut einfrieren! Achtung: Fischart und Einfrierdatum auf dem Gefrierbeutel vermerken!*

Fisch richtig garen

Man kann Fisch auf viele Arten zubereiten, schonend sollten sie jedoch alle sein, um das empfindliche Produkt in bester Qualität zu servieren. Wichtig ist, die Hitze und die Garzeit dosiert und nicht zu groß zu wählen, denn sonst wird der Fisch schnell trocken, und es wäre schade um das gute Grundprodukt. Denn das zarte Fischfleisch gart schon ab 60 Grad!

Sie können Fisch dünsten, braten, grillen oder dämpfen, zu jedem Fisch oder Fischteil gibt es spezielle Zubereitungsarten. In jedem Fall geht das Garen recht schnell, denn Fisch enthält nur wenig Bindegewebe. Ein sichtbares Zeichen für den perfekten Garpunkt ist, wenn das Fischfleisch noch leicht glasig ist, sich aber gut teilen und von der Gräte lösen lässt. Ganze Fische sind gar, wenn man die Rückenflosse leicht herausziehen kann und das Auge einer weißen Perle gleicht.

Bewährte und beliebte Garmethoden:

Braten in der Pfanne

In der Pfanne brät man am besten ganze Fische bis etwa 400 g, sowie Fischfilets mit und ohne Haut. Die Haut kann anfangs ruhig größere Hitze vertragen, damit sie schön knusprig wird, dann sollte man jedoch mit der Hitze deutlich zurück gehen.

Im Backofen

Im Ofen gart man ganze Fische oder Teilstücke und schützt sie durch Abdecken oder regelmäßiges Begießen mit Flüssigkeit vor dem Austrocknen. Auch in Folie, Bratschlauch oder Pergamentpapier, sowie unter der Salzkruste oder in Teig gehüllt, kann man Fisch im Ofen schön saftig zubereiten. Hierbei gart er im eigenen Saft und bewahrt sein Aroma besonders gut.

Pochieren

Hierbei zieht der Fisch in wenig Flüssigkeit langsam und unter dem Siedepunkt bei ca. 70 – 75 °C in einem reichlich gewürzten Sud (Wasser, Essig, Salz, Lorbeerblatt, Pfefferkörner, Wacholderbeeren, Zwiebel, Nelken und Suppengemüse) gar – niemals sprudelnd kochen lassen! Gut geeignet für Filets und ganze Fische. Portionsstücke benötigen je nach Dicke und Temperatur etwa 10 bis 20, ganze Fische 30 bis 40 Minuten.

Blaugaren

Das Blaugaren ist eine Form des Pochierens in einem Gewürzsud. Damit der ganze Fisch nach dem Garen eine schöne blaue Farbe hat, darf man vorher seine Schleimschicht nicht zerstören, da sie für die blaue Farbe verantwortlich ist. Fische, bei denen man die Schuppen aufgrund ihrer Größe entfernen muss – wie beispielsweise beim Felchen – werden niemals blau, weil hierbei die Schleimschicht zerstört wird. Kleinschuppige Fische wie Forelle, Saibling oder Schleie sind für diese Zubereitung dagegen sehr geeignet, auch Karpfen kann man blaugaren.

Sud zum „Blaugaren"

1 ³/₄ l Wasser
¹/₄ l Balsam-/Estragon- oder Weiß-
weinessig mit frischem Estragon
2 Karotten, klein geschnitten
3 kl. Zwiebeln, 1 Knoblauchzehe
2 geh. EL Salz, 1 TL Nelken, 1–2 Lorbeerblätter, 1 TL Pfefferkörner

Sud eine gute ¹/₂ Stunde kochen, abschmecken (muss sehr würzig sein),
herunter kühlen. Den gewaschenen und gesalzenen Fisch in den lauwarmen Sud einlegen und erwärmen, aber nicht kochen lassen! Fisch unter dem Siedepunkt in ca. 10–15 min (je nach Größe) gar ziehen lassen. Zum blaugegarten Fisch schmecken Salzkartoffeln, flüssige Butter und ein paar Löffel Sud.

Tipp: Fischreste in etwas kalten Essigsud einlegen und mit etwas Kräuterremoulade und frischem Dill zu einem feinen Fischsalat verarbeiten.

Dünsten

Beim Dünsten gart der Fisch sehr schonend im eigenen Saft mit wenig Fett und etwas Flüssigkeit (Fischfond, Weißwein) – nicht mehr als dass der Boden des Topfes einen Zentimeter hoch mit Flüssigkeit bedeckt ist, oder auf tropfnassem Gemüse in einem geschlossenen Gefäß – bei gemäßigter Temperatur. Saftig und aromatisch kommt er auf den Teller. Zarte Filets brauchen nur ca. 5 Minuten, ein großer Fisch kann bis zu 40 Minuten benötigt. Dünsten ist eine sehr gesunde Zubereitungsart, da Eigengeschmack, Nährstoffe und Vitamine gut erhalten bleiben.

Dämpfen

Fischfilets und kleine ganze Fische werden durch heißen Dampf schonend und fettfrei gegart. Man kann einen speziellen Bambuskorb oder einen Topf mit Dämpfeinsatz verwenden. Vor allem für kleine und zarte Fische beziehungsweise Fischfilets eignet sich diese Zubereitungsart. Filets benötigen je nach Größe eine Garzeit von ca. 3 bis 5 Minuten, größere Portionsstücke müssen ca. 10 bis 15 Minuten im Dampf garen.

Grillen

Beim Grillen von Fisch darf die Hitze nicht zu groß, und Grillgut, -rost/–zange müssen vorher gut eingefettet werden. Gut Grillen lassen sich ganze Fische oder größere Teilstücke, je fettreicher und festfleischiger ein Fisch ist, desto geeigneter ist er. Empfindliche Filets, die leicht zerfallen, sind in einer gefetteten Alu-Grillschale oder einem geschlossenen Stück Alufolie am besten aufgehoben. Bei diesen Päckchen kann man auch noch etwas Wein oder Fischfond angießen, damit der Fisch besonders saftig wird.

Fisch bis direkt vor dem Grillen kühl lagern und den Abstand vom Rost zur Glut der Fischgröße anpassen: Größerer Abstand bei empfindlichen Filets und zu Beginn bei ganzen Fischen, kleinerer Abstand kurz vor Schluss zum Bräunen ganzer Fische. Als Faustregel gilt: Je dicker der Fisch, desto größer der Abstand zur Glut, so vermeidet man, dass der Fisch außen schon verbrannt, innen aber noch roh ist. Sanfte Hitze gart schonender und gleichmäßiger, was besonders bei der zarten Fleischstruktur von Fisch extrem wichtig ist.

Kleine und mittelgroße Fische, wie küchenfertige Felchen, kann man im Ganzen auf den geölten Grill legen. Ihre Bauchhöhle lässt sich mit schmackhaften Kräutern, Zwiebeln oder Speck füllen. Große Fische wie Hecht oder Karpfen werden als Filets oder Steaks gegrillt, wer mag, legt sie vorher in eine Marinade ein. Kleinere Fischstücke können auf einen Spieß gesteckt und in einer Aluschale gegrillt werden. Verschiedene Fischarten lassen sich dabei ebenso kombinieren wie Fisch und Gemüse. Um das Wenden der Grillspieße zu erleichtern, nehmen Sie einfach zwei Spieße, dann verdreht sich das Grillgut beim Wenden nicht.

Fisch muss auf dem Grill im Auge behalten werden und mit viel Feingefühl gilt es, den Moment zu erwischen, in dem er fertig ist. Dünne Filets sind schon in wenigen Minuten gar. Wenden Sie den Fisch am besten nur einmal, sonst könnte er auseinander fallen. Die Grillzeit ist generell weit kürzer als bei Fleisch. Um zu testen, ob ein ganzer Fisch gar ist, versucht man vorsichtig die Rückenflosse herauszuziehen. Lässt sie sich leicht lösen, ist der Fisch fertig.

Fisch zum Grillen vorbereiten

Die Fischstücke können vor dem Grillen ca. 1,5 Stunden in einer Marinade eingelegt werden. Damit sich ihre Aromen besser über das Fischfleisch verteilen, schneidet man ganze Fische vor dem Marinieren auf beiden Seiten drei- bis viermal ein. Zum Einlegen eignen sich am besten flüssige Marinaden auf Basis von Öl, Essig, Wein oder Sojasauce. Je nach Geschmack können ihnen Petersilie, Dill, Estragon, Oregano, Minze, Basilikum, Fenchel, Chili, Ingwer, Senf, Limette, Knoblauch oder Frühlingszwiebeln beigefügt werden. Kurz vor dem Grillen werden die Kräuter mit dem Pinsel abgestreift oder abgetupft, damit sie nicht in die Kohle tropfen. Erst jetzt wird der Fisch gesalzen.

Wer keine Zeit zum Marinieren hat, schneidet größere ganze Fische auf beiden Seiten drei- bis viermal tief ein und spickt die Einschnitte mit Kräutern, Zitronen- oder Limettenspalten. Beliebte Kräuter sind z. B. Petersilie, Thymian, Dill und Estragon. Die Einschnitte können aber genauso gut mit gewürzter Butter oder auch Kräuterbutter gefüllt werden. In diesem Fall muss der Fisch allerdings in Alufolie garen, damit die schmelzende Butter nicht in die Glut tropft.

Tipp: *Damit die Haut nicht am Rost anklebt, kann man ganze Fische auf einen gewässerten Holzspieß aufstecken und unter Drehen per Hand über die Glut halten, bis die Haut trocken ist. Dann kann man ihn auf den geölten Rost legen – er pappt nicht an.*

F(r)isch geräuchert – ein Genuss!

Schon seit sehr langer Zeit wird das Räuchern von fetthaltigen Lebensmitteln eingesetzt, um ihnen einen besonderen Geschmack zu verleihen. Zudem wird durch dieses Verfahren die Haltbarkeit der Grundprodukte verlängert, es dient also auch der Konservierung. Beim Räuchern werden die vorher gesalzenen/gewürzten Produkte über einen bestimmten Zeitraum dem Rauch und der Hitze von Holzfeuern ausgesetzt, um Geschmack, Geruch, Aussehen und Textur positiv zu beeinflussen.

Viele Bodenseefische sind für das Räuchern geeignet, allen voran der Felchen, und – als besondere Spezialität – die Brachse. Aber auch Seeforelle, Aal & Co. verleiht der Räucherprozess ein wunderbares Aroma, und die Fische lassen sich in dieser Form sowohl „nature" zur Brotzeit genießen, als auch als Basis herrlicher Gerichte verwenden. Einige Rezepte mit Räucherfisch finden Sie natürlich in diesem Buch.

Es gibt verschiedene Arten zu räuchern, das Heißräuchern bei etwa 60 – 100° C über ca. 3 Stunden, sowie das Kalträuchern bei maximal 30° C über eine längere Zeit. Vor dem Räuchern werden die ganzen Portionsfische oder die Fischteile speziell gewürzt, das heißt, sie werden mittels einer Lake oder trocken gesalzen und

ggf. mit Zucker und verschiedenen Gewürzen vorbehandelt. Hier hat jeder Fischer sein eigenes Geheimnis für den besonderen Geschmack seiner Produkte. Dann werden die vorbereiteten Fische, je nach Verfahren bei unterschiedlichen Temperaturen und Zeiten, mit unbehandelten Laubhölzern in speziellen Öfen geräuchert. Man erkennt es schon am verführerischen Duft, wenn der Fischer seinen Räucherofen in Betrieb hat!

Frisch geräucherte, vielleicht sogar noch warme Fische, sind ein einzigartiges Geschmackserlebnis. Aber auch belegte Semmeln mit Räucherfisch sind eine herrliche Brotzeit, und natürlich kann man mit Räucherfisch wunderbar kochen. Und nicht zuletzt erfreuen dekorative Platten mit Räucherfisch auf jedem kalten Buffet Augen und Gaumen gleichermaßen – viele Fischer bieten diesen professionellen Fischplattenservice. Achten Sie bei den Fischern also unbedingt auf die speziellen Schilder, wann es frisch geräucherte Fische gibt!

Heiße Saucen und kalter Dip – köstliche Begleiter nicht nur zu Fisch!

Buttermilch-Limettenschaum

1 Limette, unbehandelt
200 ml Sahne
200 ml Buttermilch
Salz, Pfeffer

Die Limette halbieren, auspressen und die Schale reiben. Den Limettensaft mit dem Abrieb und der Sahne aufkochen. Das Ganze von der Flamme nehmen, mit der Buttermilch verrühren, abschmecken und mit dem Zauberstab aufschäumen.
Direkt vor dem Servieren zubereiten.

Meerrettich-Sauce

50 g Butter
1 feingewürfelte Gemüsezwiebel
150 ml Weißwein
50 ml Wermut
150 ml Fischfond
100 ml Sahne
50 ml Creme fraîche
2 EL Sahnemeerrettich
Salz, Pfeffer

Zwiebelwürfel in Butter andünsten, mit Wein und Wermut aufgießen. Flüssigkeit fast komplett einkochen, Fischfond hinzugeben, aufkochen und würzen. Sahne und Creme fraîche hinzugeben und auf gewünschte Konsistenz reduzieren lassen. Abschmecken mit Meerrettich, Sauce passieren. Vor dem Servieren mit dem Zauberstab aufschäumen.

Weißwein-Sahne-Sauce

125 ml Fischfond
125 ml Weißwein
100 g Creme fraîche
2 EL kalte Butter
Salz, Pfeffer, Zucker
125 ml steifgeschlagene Sahne
feingehackte frische Kräuter

Wein und Fond auf die Hälfte reduzieren lassen, Creme fraîche einrühren und die Sauce einmal kurz aufkochen lassen. Die Butter in Flöckchen unterrühren, Sauce würzen und vom Herd nehmen. Nun die steifgeschlagene Sahne zusammen mit den Kräutern unterziehen und nochmal abschmecken. Passt sehr gut zu pochiertem Fisch!

Weißwein-Schaum

250 ml Fischfond
125 ml Weißwein
50 g kalte Butter
Salz, Pfeffer, evtl. Sahne

Fischfond, Wein und eventuell etwas Sahne auf die Hälfte einkochen lassen und würzen. Kalte Butterstückchen unterrühren und mit dem Pürierstab aufschäumen. Sofort servieren.

Limetten-Weißweinsauce (4 Portionen)

4 Eigelb
5 EL Weißwein
1 EL Limettensaft
Salz, Pfeffer, Zucker
120 g Butter
½ Bund Dill, fein gehackt

In einer kleinen Metallschüssel Eigelbe, Limettensaft und Weißwein verrühren, mit Salz, Pfeffer und Zucker würzen. Das Ganze im Wasserbad mit dem Schneebesen aufschlagen, bis die Sauce dicklich wird. Dann die kalte Butter in kleinen Flöckchen unterschlagen, den feingehackten Dill zufügen und nochmal abschmecken. Sauce direkt vor dem Servieren zubereiten.

Limetten-Sauce (4 Portionen)

80 g gehackte Schalotten
3–4 Limetten, Saft auspressen
50 ml Weißwein
50 ml Fisch- oder Gemüsefond
50 ml Sahne
90 g eiskalte Butter
Salz, Pfeffer

Schalotten mit Saft, Wein und Fond 10 Minuten köcheln lassen, durch ein Sieb in eine kleine Pfanne gießen und die Sahne unterrühren. Die Sauce etwa auf die Hälfte einreduzieren lassen und mit Salz und Pfeffer würzen. Zum Schluss die Butter in kleinen Flöckchen unterrühren, sofort servieren.

Paprika-Cremesauce (4 Portionen)

2 rote Paprika
½ Zwiebel
1 Knoblauchzehe
10 g Butter
½ EL Paprikapulver
½ l Gemüse- oder Fischfond
1 Schuss Weißwein
¼ l Sahne
Salz, Pfeffer

Zwiebel und Knoblauch schälen und klein schneiden. Die Paprika
waschen, halbieren, entkernen und in Würfel schneiden. Zwiebel und
Knoblauch in einem Topf mit der aufgeschäumten Butter anschwitzen, die Paprikawürfel zugeben und kurz mit dünsten, ohne sie zu
bräunen. Mit Paprikapulver abstäuben und mit einem Schuss Weißwein ablöschen. Den Fond aufgießen und ca. 20 Minuten köcheln
lassen, dann die Sahne unterrühren, einmal aufkochen lassen und
mit einem Stabmixer pürieren.
Die Paprikacreme ist das ideale „Bett" für kross gebratene Fischfilets.

Schnelle Senfsauce

Geben Sie in eine heiße Pfanne zu gleichen Teilen Brühe und Sahne
sowie verschiedene Senfsorten und Abrieb von einer Orangenschale.
Das ganze gut verrühren, abschmecken und mit etwas kalter Butter
montieren.
Passt sehr gut zu Fisch, aber auch zu gekochten Eiern.

Kalter Senf-Honig-Dill-Dip

Honig, Senf, Creme fraîche, Sauerrahm oder Schmand verrühren,
mit Salz, Pfeffer und reichlich fein gehacktem Dill abschmecken.

Passt sehr gut zu geräuchertem Fisch und
Matjes, auch zu Bratfisch.

Weitere Tipps:

Gar-Test für ganze Fische: Der Fisch ist gar, wenn sich die Rückenflosse leicht herausziehen lässt und die Augen perlenartig weiß sind.

Um beim Garen größerer ganzer Fische im Backofen **den richtigen Garpunkt zu erwischen**, stecken Sie an der dicksten Stelle (Rückenflosse) ein Bratenthermometer hinein. Bei 60 – 62 Grad ist der Fisch gar. Eignet sich auch gut für Fische in der Salzkruste oder im Teigmantel!

Die Sache mit den Gräten: Wenn Sie mit dem Zeigefinger „gegen den Strich" über das Fischfilet streichen, können Sie eventuell noch vorhandene Gräten spüren und mit einer Pinzette herausziehen. Bei Hechtfilets können Sie die Grätenreihen auch herausschneiden bzw. es durch den Fischer machen lassen. Besonders grätenreiche Weißfischfilets schneidet er Ihnen auch gerne so ein, dass die Gräten nicht mehr stören.

Fischfond lässt sich mit einem gewissen Aufwand aus Fischkarkassen (Gräten, Köpfe, Schwänze, frische Fischreste), Gemüse und Gewürzen/Kräutern selbst herstellen, aber man kann ihn auch meistens direkt bei den Fischern beziehen oder notfalls auch fertig aus dem Glas kaufen. Rezept s. S. 62.

Felchen „blau"? Geht nicht wirklich! Die blaue Farbe (Beispiel: „Forelle blau") ganzer Fische beim Pochieren oder Dünsten kommt nur dann zustande, wenn die Schleimschicht auf der Haut unverletzt ist. Fische mit größeren Schuppen, die man wie z.B. beim Felchen entfernen muss, können deshalb bei der Zubereitung nicht „blau" werden. Aber die Zubereitungsart in einem köstlichen Sud verleiht natürlich auch ihnen einen wunderbaren Geschmack, wenn man von der Farbe mal absieht. Wirklich Blaugaren kann man dagegen problemlos Karpfen, Forelle, Schleie, Aal oder Saibling.

Wie wäre es denn mal mit einem **Fischfondue?** Ganz einfach Fischfond mit reichlich sehr fein geschnittenen Gemüsestreifen in einen Fonduetopf geben und Stücke von verschiedenen Fischfilets in speziellen Körbchen darin garen. Dazu Baguette, Salat und verschiedene Saucen – einfach köstlich!

Achtung: Fisch soll frisch sein, aber auch nicht zu frisch! „Aus dem Wasser in die Pfanne" führt zu einem Aufplatzen des Fischfleisches, besser ist es, den Fisch 1 Tag nach dem Fang zuzubereiten.

Fisch & Wein

Die Bodenseeregion vereint zwei kulinarische Naturschätze, die unbedingt zusammen gehören: Köstliche Süßwasserfische und feinste Weine!

Bodenbeschaffenheit und Klima begünstigen den Weinanbau am Bodensee auch in 400 – 500 m Höhe. Die fruchtbaren eiszeitlichen Verwitterungsböden bieten den verschiedensten Rebsorten ideale Wachstumsbedingungen. Die Wassermassen des Bodensees wirken während der Vegetationsphase zudem wie ein riesiger Wärmespeicher. Sie sorgen für ein gemäßigtes, fast mediterranes Klima. Viele Sonnenstunden und warme Föhnwinde, die immer wieder von den Alpen herab wehen, unterstützen das prächtige Traubenwachstum und versprechen elegante, aromatische, fruchtige Weiß-, Rot- und Roséweine.

Anita Schmidt vom Winzerverein Hagnau (www.hagnauer.de) beschreibt die wichtigsten „Seeweine":

Der **Müller-Thurgau** zeigt sich nirgendwo so interessant wie am Bodensee, rassig mit zartduftiger Muskatnote und feiner Frucht. Der **Blaue Spätburgunder** als Rotwein ausgebaut, präsentiert sich rubinfarben, samtig-weich mit gutem Gerbstoff und kräftiger Art. Eine traditionelle Spezialität, herzhaft-elegant, ist der Blaue Spätburgunder als **Weißherbst** gekeltert. Der **Bacchus** zeigt sich duftig fruchtbetont, der Kerner stoffig mit markanter Säure. Der **Ruländer**, als **Grauburgunder** trocken ausgebaut, ist von kräftiger Art und zeigt sich, wie der Weißburgunder, ausdrucksvoll elegant.

Der passende Wein zum Fisch

Zu allen zarten Fischgerichten passt laut Anita Schmidt der Müller-Thurgau wunderbar, auch zu geräuchertem Felchen mit Meerrettich ist er wie geschaffen und verkörpert die Leichtigkeit des Sees.

Der Spätburgunder Rosé oder Weißherbst mit seiner fruchtigen, herzhaften Art ist der ideale Begleiter für Räucherfische, besonders die Seeforelle oder der Seesaibling sind seine Lieblinge. Auch zu Grillfisch mit Tomaten beim sommerlichen Barbecue ist er ein Genuss.

Spätburgunder Rotwein im Barrique ausgebaut vermählt sich ideal mit geräuchertem Aal. Weißburgunder und Grauburgunder sind die Klassiker zum Fisch, elegant und stimmig, vor allem, wenn es etwas mächtigere oder kross gebratene Speisen sind.

Bei der großen Auswahl an Bodenseeweinen dürfte es also nicht schwer sein, den passenden Tropfen zu seinem Fisch zu finden. In diesem Sinne: „Sehr zum Wohl und guten Appetit"!

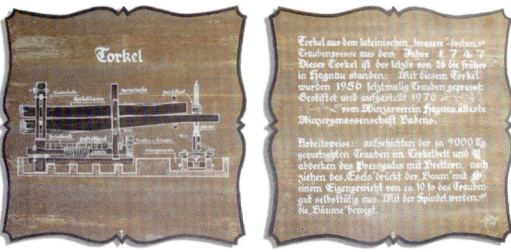

Tipp: *Auch die Sauce bestimmt den Wein. Helle Saucen harmonieren gut mit Weißwein, dunkle, geschmacksintensive Saucen passen dagegen besser zu den Gerbstoffen des Rotweins. Zu einer sauren Vinaigrette oder sehr scharfen Gerichten empfiehlt sich ein milder Silvaner oder ein Grau- oder Weißburgunder.*

Eva-Maria Schröder

AMMERSEE
WALCHENSEE
TEGERNSEE
STAFFELSEE
KOCHELSEE

Fischkochbuch vom
OBERLAND

G'schmackiges und Interessantes
rund um Renke, Hecht & Co.

ISBN 978-3-00-041704-7

Von Eva-Maria Schröder
Im Buchhandel und über
www.kulinarisches-fuenfseenland.de
für je € 14,90 erhältlich.

Weitere Köstlichkeiten aus den Fischen unserer Voralpenseen finden Sie auch in diesen drei Kochbüchern der Autorin. Die Berufsfischerfamilien vom Starnberger See, vom Chiemsee und aus dem Oberland haben hierfür ebenfalls ihre Lieblingsrezepte verraten, so dass die Sammlung der Rezepte aus diesen Regionen eine wunderbare Ergänzung zu den Gerichten vom Bodensee ist.

In allen vier Fischkochbüchern machen auch die appetitanregenden Fotos von Eva-Maria Schröder Lust zum Nachkochen – ein Gaumen- und Augenschmaus für jeden Fischliebhaber und alle, die es werden wollen!

Eva-Maria Schröder

Fischkochbuch vom
STARNBERGER
SEE

G'schmackiges und Interessantes
rund um Renke, Hecht & Co.

ISBN 978-3-00-034977-5

Eva-Maria Schröder

Fischkochbuch vom
CHIEMSEE

G'schmackiges und Interessantes
rund um Renke, Hecht & Co.

ISBN 978-3-00-037901-7

Gleich geht´s los!

Bevor Sie Ihren Appetit auf Fisch nun gleich mit den köstlichen Rezepten der Berufsfischerfamilien vom Bodensee stillen können, möchten wir Ihnen vorher noch die fleißigen Akteure aus Bayern, Württemberg, Baden und vom Untersee vorstellen, die ihre Lieblingsrezepte für dieses Fischkochbuch zubereitet haben.

Bayern

Fischereigenossenschaft der Bayerischen Bodenseeberufsfischer
www.bayerische-bodenseeberufsfischer.de

 **Fischerei Horst Bichlmair**
Jägersteig 5, 88142 Wasserburg
Tel 08382 – 89368
fischtrude@web.de
www.bodenseefischerei-bichlmair.de

Die Bodenseefischerei von Horst Bichlmair wird in der 3. Generation betrieben. Zusammen mit seiner Frau Steffi bietet er seine Fänge, ergänzt durch Fluss- und Meeresfische, in seinem Fischlädele in Wasserburg sowie auf verschiedenen Märkten der Region an. Die Gerichte auf den Seiten 58, 72 und 90 hat Steffi Bichlmair gekocht.

 **Fischwirtschaftsmeister Martin Eberle, Institut für Fischerei**
Im Paradies 7, 88149 Nonnenhorn
Tel 08382 – 8151
nonnenhorn@lfl.bayern.de
www.lfl.bayern.de

Martin Eberle ist Leiter der Staatlichen Fischbrutanstalt Nonnenhorn der Bayerischen Landesanstalt für Landwirtschaft. Hier sowie in 6 weiteren nationalen und internationalen Fischbrutanstalten rund um den Bodensee wird dafür Sorge getragen, dass der Fischnachwuchs – und damit die Existenz der Berufsfischer – gesichert ist. Zusammen mit seiner Frau Michaela hat Martin Eberle die Gerichte auf den Seiten 54, 76 und 94 zubereitet.

 **Fischerei Karl- Otto Kapfhammer**
Sonnenbichlstr. 15, 88149 Nonnenhorn
Tel 08382 – 8271
karl-kapfhammer@t-online.de

Karl-Otto Kapfhammer fischt in der 3. Generation am Bodensee, und vielleicht wächst mit Sohn Noah schon der Nachfolger heran. Die Kapfhammers vermarkten ihren Fang in ihrem Fischladen in Nonnenhorn. Das Rezept auf Seite 46 hat Karl-Otto zusammen mit seiner Frau Sabine gekocht.

 **Fischerei Bernd Kaulitzki**
Hege 34, 88142 Wasserburg
Tel 08382 – 888558
kaulitzki@bodenseefischerei.com
www.bodenseefischerei.com

Seit Generationen sind die Kaulitzkis Berufsfischer, Bernd Kaulitzki fischt inzwischen in der 3. Generation am Bodensee. Seine fangfrischen und geräucherten Bodenseefische kann man im 2014 neu gebauten Fischladen der Familie in Hege bei Wasserburg kaufen. Das Rezept auf Seite 44 hat Ehefrau Karin gekocht.

 **Fischerei Jens Schmidt**
Tannenweg 9, 87542 Altusried
Tel 08373 – 935496
kramer.schmidt@t-online.de
www.genuss-schmidt.de

Jens Schmidt betreibt die Bodenseefischerei in der 2. Generation. Seine Fischspezialitäten kann man in den Ladengeschäften der Familie in Memmingen und Altusried sowie auf vielen Wochenmärkten in der Region finden. Die Rezepte auf Seite 34 und Seite 80 hat Sohn Sven gekocht.

 **Fischerei Martin Schmid-Zöller**
Im Brachmoos 14, 88149 Nonnenhorn
Tel 08382 – 997033
schmid-zoeller@t-online.de

Martin Schmid-Zöller ist nach seinem Vater Werner Bodenseefischer in der 5. Generation. In ihrem kleinen Fischmarkt in Nonnenhorn bietet die Familie ihren Fang zum Verkauf an. Martins Mutter Ruth Schmid hat das Gericht auf der Seite 66 zubereitet.

FISCHERHAFEN

Fischerei Roland Stohr
Hattnau 24, 88142 Wasserburg
Tel 08382 – 888114
stohr-fischerei@t-online.de
www.stohr-wasserburg.de

Roland Stohr, 1. Vorsitzender der Bayerischen Bodenseeberufsfischer, fischt heute in der 3. Generation, noch tatkräftig unterstützt von seinem Vater Peter. Die Stohrs bieten ihren Fisch im Hausverkauf im Ortsteil Hattnau bei Wasserburg an. Das Rezept auf Seite 82 hat Mutter Anneliese gekocht und das Gericht auf Seite 56 stammt von Ehefrau Monika.

Fischerei Jürgen Schäfler
St.-Anna-Str. 9, 88085 Langenargen
Tel: 07543 – 2403
orchitop@googlemail.com
www.eulenspiegel-wasserburg.de

Jürgen und Vincent Schäfler sind Fischer in der 4. und 5. Generation. Jürgen Schäfler verkauft seinen Fisch in Langenargen und beliefert außerdem das Restaurant Eulenspiegel in Wasserburg mit seinem frischen Fang, der dort von Sohn Vincent, Fischer und ausgebildeter Koch, kulinarisch verarbeitet wird. Die Rezepte auf den Seiten 48 und 70 stammen von Vincent Schäfler.

Württemberg

Württembergischer Bodenseefischerverein e.V.

Fischerei Martin und Christof Boesenecker
Langenargener Str. 12, 88079
Kressbronn-Gohren
Tel 07543 – 547156
fischerei-boesenecker@t-online.de

Martin und Sohn Christof Boesenecker sind Berufsfischer mit Fischverkauf ab Hof in Kressbronn-Gohren. Außerdem vermarkten sie ihre frischen und veredelten Bodenseefische auf Wochenmärkten in der Region. Christof Boesenecker, Fischer in der 2. Generation, hat das Gericht auf Seite 50 zubereitet.

Fischerei Ewald Göppinger
Hungerberg 14, 88085 Langenargen
Tel: 07543 – 2446
e.goeppinger@t-online.de
www.hotel-schwedi.de

Zur alteingesessenen Bodenseefischerfamilie Göppinger, derzeit betrieben von Ewald und Tobias Göppinger, gehört auch das Hotel Schwedi in Langenargen. Da ist es selbstverständlich, dass auf der Speisekarte des Hotel-Restaurants immer eine große Auswahl an Leckereien rund um den Bodenseefisch zu finden ist. Die Gerichte auf den Seiten 30, 32 und 42 stammen von Ewalds Bruder Franz Göppinger.

Baden

Verband Badischer Berufsfischer am Bodensee e.V.
www.bodensee-fischer.de

Fischerei Edith Dickreiter
Happenweiler Str. 12 A, 88090
Immenstaad
Tel 07545 – 6331
edithdickreiter@yahoo.de

In der Familie von Edith Dickreiter wird seit 4 Generationen gefischt. Sie ist eine der wenigen Frauen, die als Berufsfischerin auf dem Bodensee arbeitet. Die Fischerin führt neben ihrem Fischverkauf ab Hof in der Happenweiler Straße während der Saison auch einen Fischimbiss an der Seestraße West. Für das Buch hat Edith Dickreiter das Gericht auf Seite 52 gekocht.

Fischerei Klingenstein-Mayer, Inh. Axel Mayer
Schützenstraße 15, 88709 Meersburg
Tel 07532 – 353
fischereiaxelmayer@gmx.de
www.fischerei-klingenstein-mayer.de
www.fischerei-meersburg.de

Die alteingesessene Fischerei Klingenstein in Meersburg wird in der 5. Generation von Axel Mayer und seiner Frau Anita Klingenstein-Mayer betrieben. Die Familie bietet ihren Fang sowie Fische aus der Region im eigenen Fischladen an. Das Rezept auf Seite 96 hat Axel Mayer gekocht.

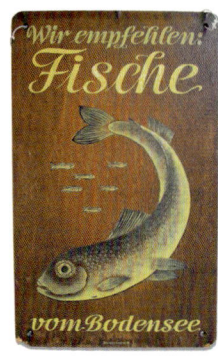

Fischerei Andreas & Sonja Knoblauch
Ehbachstr. 3, 88690 Unteruhldingen
Tel 07556 – 5530
 info@knoblauch-gbr.de
www.knoblauch-gbr.de

Andreas Knoblauch fischt bereits in der 4. Generation am Bodensee. Neben der Fischerei in Unteruhldingen betreiben er und seine Frau Sonja in Überlingen das Fischfachgeschäft & Bistro „Löwenzunft", in dem neben dem eigenen Fang auch Meeresfisch angeboten wird. Auf den Seiten 38, 84 und 86 finden sich die Rezepte, die Sonja Knoblauch gekocht hat.

Fischerei Stefan & Heidi Knoblauch
Poststr. 8, 88690 Unteruhldingen
Tel 07556 – 6762
info@uhldinger-fischtheke.de
www.uhldinger-fischtheke.de

Stefan Knoblauch ist in der 4. Generation Bodenseeberufsfischer. Zusammen mit seiner Frau Heidi vermarktet er seinen Fang sowie Süßwasser- und Meeresfische in ihrem Ladengeschäft „Uhldinger Fischtheke" mit Bistro und auf Märkten in der Umgebung. Heidi Knoblauch hat die Gerichte auf den Seiten 60, 68, 78 und 92 zubereitet.

Fischerei Hans Leib
Fischenzstr. 50, 78462 Konstanz-Paradies
Tel 07531 – 691717
kontakt@leibamseele.de
www.leibamseele.de

Im Familienbetrieb von Hans Leib wird seit 2 Generationen gefischt. Seine Fische aus dem Bodensee bietet Hans Leib in seinem Konstanzer Fischgeschäft zusammen mit Meeresfisch und -früchten an. Er hat die Rezepte auf den Seiten 62, 64, und 74 gekocht.

Fischerei Andreas Meichle
Neugartenstr. 9 , 88709 Hagnau
Tel 07532 – 808540
andreas.meichle@t-online.de
www.feinkostundfisch.de

Die Meichles gehören zu den ältesten Fischerfamilien Deutschlands. Andreas und sein Bruder Michael fischen bereits in der 14. Generation! In Hagnau betreibt die Familie einen Fisch-und Feinkost-Laden und vermarktet ihren Fang darüber hinaus auf 9 Wochenmärkten in der Region. Das Rezept auf Seite 40 hat Andreas Meichle gekocht.

Untersee

Fischereiverein Untersee und Rhein e.V.

Fischerei Stefan Riebel
Seestrasse 13
78479 Insel Reichenau
Tel 07534 – 7663
stefan.riebel@t-online.de
www.reichenauer-fischhandlung.de

Auch die Vorfahren von Stefan Riebel und seinem Sohn Urs waren seit vielen Generationen Bodenseefischer. Auf der Insel Reichenau betreibt die Familie eine Fischhandlung mit Imbiss und bietet neben ihren Bodenseefängen auch Meeresfisch an. Stefan Riebel ist der 1.Vorsitzende des Fischereivereins Untersee und Rhein e.V. Das Rezept auf Seite 36 hat Boris Petersen zubereitet, der während der Saison für den Imbiss der Reichenauer Fischhandlung zuständig ist.

Bodensee-Kretzer-Töpfle

4 Personen:

720 g Kretzerfilets
250 g Salatgurkenstreifen
100 g Zwiebelwürfel
2 abgezogene Tomaten, gewürfelt
200 g Champignons, in Scheiben geschnitten
100 g Kräuterbutter
Salz, Pfeffer aus der Mühle
1 Messerspitze Paprikapulver edelsüß
½ TL Curry
Mehl
Butter zum Braten
Dillspitzen

Fischfilets abspülen, trockentupfen, in Mehl wenden und in einer Butterpfanne leicht anbraten. Das Gemüse hinzugeben, würzen und vorsichtig wenden. Bei mittlerer Hitze weiter braten, die Kräuterbutter einschwenken und nicht mehr zu stark erhitzen.

Das Gericht in einem Töpfle oder einem tiefen Teller anrichten, mit Dillspitzen garnieren und mit Reis servieren.

Bodensee-Zanderfilet
auf der Haut gebraten mit Senf-Dill-Sössle

4 Personen:

800 g Zanderfilet mit geschuppter Haut
Salz, Pfeffer, Zitronensaft
Mehl
Butterschmalz zum Braten

Für das Sössle:
300 ml Fischfond
30 g Butter
2 EL Mehl
200 ml Sahne
1 Spritzer Weißwein
1 Spritzer Worchester-Sauce
Dijonnaise Senfcreme
Salz, Pfeffer
1 EL gehackter Dill

Für die Sauce Butter zerlassen, Mehl zugeben und farblos anschwitzen. Mit Fischfond und 150 ml Sahne ablöschen, Weißwein und Gewürze hinzu geben und 15 min unter Rühren leicht köcheln lassen. Nun die Sauce durch ein feines Sieb passieren, die Senfcreme und den gehackten Dill unterrühren. Die restliche Sahne anschlagen, unter die Sauce heben und abschmecken.

Zanderfilet in Portionsstücke schneiden, abspülen, trockentupfen, würzen, leicht in Mehl wenden und in Butterschmalz auf beiden Seiten saftig braten.

Den Fisch zusammen mit Bratkartoffeln und dem Senf-Dill-Sössle servieren, dazu schmeckt beispielsweise auch ein Gurkensalat gut.

Confierter Seesaibling
mit Thymian-Polenta

5 Personen:

800 – 1000 g Seesaiblingsfilet mit Haut	*Für die Thymian-Polenta:*
ca. 500 ml Olivenöl	*250 g Polenta*
einige Rosmarin-, Thymianzweige	*750 – 1000 ml Gemüsebrühe*
2 Scheiben Ingwer	*25 g Butter*
1 – 2 Knoblauchzehen	*35 g Parmesan, gerieben*
etwas Limettenschale und -saft	*1 – 2 EL abgezupfte Thymianblättchen*
Meersalz	*Salz, Pfeffer, Muskatnuss*

Fisch kalt abwaschen und trockentupfen, in ca. 200 g große Portionsstücke schneiden, nebeneinander in eine passende Auflaufform legen und die Kräuter, Ingwer, Knoblauch und Limette hinzugeben. Das Ganze komplett mit Olivenöl bedecken und für ca. 1 Stunde bei 60° C in den Backofen schieben.

Die Polenta nach Packungsanleitung mit Gemüsebrühe zubereiten. Parmesan, Thymian und Butter unter die fertige Polenta ziehen und mit Salz, Pfeffer und Muskat abschmecken. Den Fisch aus dem Öl nehmen, kurz abtupfen und mit Meersalz würzen.

Das confierte Filet wird zur Polenta gereicht.

Tipp: *Wer es besonders raffiniert haben möchte, schwitzt in etwas Olivenöl kleine Paprikahälften und einige Lauchzwiebeln an und serviert die Polenta in der Paprika an Frühlingslauch.*

Tipp: *Und wer Fisch besonders glasig mag, kann sowohl Temperatur als auch Zeit reduzieren.*

Dampfgegartes Schleienfilet
auf dem Gemüsebett

2 Personen:

2 Schleienfilets mit Haut (mit der Grätenschneidemaschine eingeschnitten)
1 Zwiebel
2 Möhren
½ Stange Lauch
1 Stück Sellerie
½ Zitrone
250 ml Weißwein
250 ml Wasser
2 EL Crème fraîche
Butter
1 – 2 Wacholderbeeren, 3 Pfefferkörner
2 Lorbeerblätter
Salz, Pfeffer, Fischgewürz
Dillspitzen
Topf mit Dämpfeinsatz oder Dampfgarer

Tipp: Wenn die Sauce zu dünn ist, kann man sie mit etwas Speisestärke binden.

Tipp: Sollte vom Sud etwas übrig bleiben, kann man ein köstliches Süppchen zaubern, indem man etwas geschlagene Sahne unterzieht und mit Curry abschmeckt.

Gemüse putzen, schälen, in möglichst feine Streifen (Julienne) schneiden oder hobeln und in Butter im Dampfgarer farblos anschwitzen. Ablöschen mit dem Weißwein, 1 Zitronenscheibe einlegen, salzen und das Wasser angießen. Wacholderbeeren, Pfefferkörner und Lorbeerblätter hinzugeben und das Ganze 3 – 4 min köcheln lassen.

Den Fisch abspülen, trockentupfen und mit Fischgewürz sowie Salz würzen. Die Filets im Dämpfeinsatz über dem Gemüse platzieren und den Deckel schließen. Den Fisch bei ca. 80 ° C etwa 15 min dämpfen.

Für die Sauce wird etwa ¼ l vom Sud in einem separaten Topf auf die Hälfte einreduziert. Vom Herd nehmen und die Crème fraîche unterrühren, mit Salz und Pfeffer abschmecken und zum Schluss gehackten Dill unterziehen.

Die Filets werden, garniert mit Zitronenscheibe und Dillzweiglein, mit der Sauce auf dem Gemüsebett angerichtet. Dazu schmecken Salzkartoffeln gut.

Felchenfilet
in der Mandelkruste

2 Personen:

300 g Felchenfilet ohne Haut
Mehl, Salz, Pfeffer
1 Ei
gehobelte Mandelblättchen
Rapsöl
je 1 Möhre und 1 kleiner Zucchino

Für die Sauce:
½ Schalotte, fein gewürfelt
1 EL Butter
200 ml Fischfond
2 EL Crème fraîche, 200 ml Sahne
Saft von ½ Orange
Kräutersalz, Pfeffer, Safranfäden/-pulver oder Kurkumapulver

<u>Für die Sauce:</u> Schalottenwürfel in der Butter glasig dünsten, Fischfond, Sahne und Crème fraîche unterrühren, ein paar Safranfäden oder etwas Kurkumapulver sowie den Orangensaft dazu geben und sämig einkochen lassen (oder leicht binden). Mit Kräutersalz und Pfeffer abschmecken, gegebenenfalls durch ein Sieb passieren und kurz vor dem Servieren mit dem Mixstab aufschäumen.

Die geschälte Möhre und den gewaschenen Zucchino mit einem Sparschäler in lange dünne Streifen schneiden, in wenig Salzwasser 3 min garen, abgießen und warm stellen.

Die gewaschenen und trockengetupften Felchenfilets mit Kräutersalz würzen, in Mehl wenden und von beiden Seiten durch das verquirlte Ei ziehen. Die gehobelten Mandelblättchen auf einen Teller geben und die Filets darin wenden, Mandeln leicht andrücken. Fisch in Rapsöl bei mittlerer Hitze von beiden Seiten goldbraun braten (nur einmal wenden, sonst fallen die Mandeln ab) und zusammen mit dem Gemüse und der Sauce servieren. Zu den Mandelfilets passen Reis oder Petersilienkartoffeln.

Tipp: Wer mag, reicht als besondere Delikatesse je 1 TL Felchen-
Kaviar auf 1 EL Schmand dazu.

Tipp: Das Rezept eignet sich für
alle dünnen Fischfilets, beispielsweise auch für Kretzer.

Felchen-Kretzertöpfchen

mit Tomaten, Champignons und Spargel

4 Personen:

500 – 600 g Felchen- und Kretzerfilet mit Haut
1 – 2 Tomaten, gewürfelt
1 große Zwiebel, fein gehackt
250 ml süße Sahne (oder Kochsahne)
1 gestrichener TL Instant-Gemüsebrühe
1 Glas Spargel
200 g frische Champignons oder 1 Dose
Zitronensaft, Salz, Pfeffer
Petersilie, gehackt
10 g Mehl & 10 g Butter, vermischt
Butter für eine Auflaufform

Auflaufform buttern, Tomaten- und Zwiebelwürfel darin verteilen. Fischfilets abspülen, trockentupfen, salzen, mit Zitronensaft beträufeln und in Röllchen auf das Gemüse setzen. Mit geschlossenem Deckel bei kleiner Flamme ca. 10 – 15 min ziehen lassen, bis der Fisch weiß wird. Jetzt die klein geschnittenen Champignons und Spargelstangen darauf verteilen.

Zwischenzeitlich die Sahne erhitzen, die Gemüsebrühe darin auflösen, mit Salz und Pfeffer würzen und von der Mehl-Butter-Masse unter ständigem Rühren nach und nach etwas zugeben, bis die Sauce leicht andickt. Nochmal abschmecken, die Sauce über das Gemüse und den Fisch gießen, mit gehackter Petersilie bestreuen und das Ganze mit geschlossenem Deckel nochmal 10 – 15 min ziehen lassen.

Zum Filettöpfchen kann man Reis oder Kartoffeln sowie Salat servieren.

Felchen-Piccata

4 Personen:

600 – 800 g Felchenfilet ohne Haut
2 Eier
100 g geriebener Parmesankäse
Mehl
Salz, Pfeffer aus der Mühle
Butter zum Braten
250 g Spaghetti

Für die Tomatensauce:
750 g geschälte Tomaten, püriert
1 Knoblauchzehe, fein gehackt
100 g Zwiebel, fein gewürfelt
Olivenöl zum Braten
Salz, Pfeffer aus der Mühle
1 Prise Zucker
feine Streifen von frischen Basilikumblättern

Für die Sauce Zwiebel- und Knoblauchwürfel in Olivenöl anschwitzen, die pürierten Tomaten dazugeben, mit Zucker, Salz und Pfeffer würzen und 15 min leise köcheln lassen. Spaghetti in Salzwasser bissfest garen und in die Tomatensauce einschwenken. Vor dem Anrichten feine Basilikumstreifen dazu geben.

Felchenfilets abspülen, trockentupfen, würzen. Die Eier mit Parmesan und etwas Salz und Pfeffer verquirlen, Filets in Mehl wenden und durch die Käse-Ei-Mischung ziehen. In Butter von beiden Seiten langsam goldbraun braten und auf den Tomatenspaghetti anrichten.

Dazu schmeckt ein frischer Salat.

Filets vom Bodenseefelchen
in Sherryrahm

4 Personen:

8 Felchenfilets
1 EL Butter
1 Zwiebel, fein gewürfelt
40 ml Sherry
250 ml Sahne
Salz, Pfeffer
Saft einer halben Zitrone
1 TL gekörnte Brühe
1 EL kalte Butter
250 g Reis
Safranpulver

Die Felchenfilets waschen und trockentupfen, den Reis nach Packungsanleitung zubereiten. Für die Sauce die Zwiebelwürfel in 1 EL Butter ohne Farbe anschwitzen, mit Sherry ablöschen und die Sahne hinzufügen. Kurz aufkochen, dann die Filets einlegen und zugedeckt bei schwacher Hitze ca. 3–5 min (je nach Größe) garen. Filets aus der Sauce nehmen und warm stellen. Die Sauce mit Salz, Pfeffer, Zitronensaft und gekörnter Brühe abschmecken und einkochen lassen, bis sie sämig ist. Dann die kalte Butter einrühren und die Filets wieder in die Sauce legen. Den Reis nach Geschmack mit Safranpulver tönen.

Die Filets mit Reis und Sauce anrichten und gegebenenfalls einen frischen Salat dazu servieren.

Fischauflauf

mit Tomaten und Champignons

4 Personen:

650 g Rotaugenfilets ohne Haut
(vom Fischer mit der Grätenschneidemaschine eingeschnitten)
400 g Cocktailtomaten
150 g weiße Champignons
1 rote Zwiebel
250 ml Sahne
5 EL Tomatenmark
Zitronensaft
reichlich gehackte Kräuter (Basilikum, Oregano, Petersilie)
200 g geriebener Käse
Salz, Pfeffer, scharfes Paprikapulver
Butter für die Auflaufform

Fischfilets abspülen, trockentupfen, mit Salz und Pfeffer würzen und in eine gefettete Auflaufform legen. Cocktailtomaten waschen und halbieren, Champignons putzen und in Scheiben schneiden und die Zwiebel schälen und in Scheiben schneiden. Alles auf den Rotaugenfilets verteilen und mit Salz und Pfeffer würzen.

Die Sahne mit dem Tomatenmark, Zitronensaft, gehackten Kräutern und reichlich Paprikapulver gut verrühren und gleichmäßig über dem Auflauf verteilen, abschließend den geriebenen Käse darüber streuen. Das Ganze im vorgeheizten Backofen bei 180 ° C ca. 40 min bei Ober-/Unterhitze überbacken.

Zum Auflauf schmecken knuspriges Baguette oder Reis sehr gut.

Tipp: *Je nach Ausmaß der Form (eher flach oder eher hoch) kann man den Auflauf in einer oder zwei Schichten machen.*

46

Gebratenes Felchenfilet

mit Kapernäpfeln und Salzzitrone

1 Person:

2 Felchenfilets mit Haut
6 große Kapernäpfel, halbiert
1/8 Salzzitrone oder Fruchtfleisch von 1 kleinen frischen Zitrone
2 EL Olivenöl
2 Butterflocken
Mehl zum Bestäuben
Salz
1 Sternanis
1 kleines Stück Zimt
Petersilienblätter, grob gehackt

Fischfilets abspülen, trockentupfen, salzen und mehlieren. Olivenöl erhitzen und den Fisch darin mit einer Butterflocke von beiden Seiten je 2 – 3 min goldbraun braten. Aus der Pfanne nehmen und warm stellen. Die Salzzitrone in ganz feine Streifen schneiden oder das Fruchtfleisch der frischen Zitrone würfeln, im Bratensatz zusammen mit den halbierten Kapernäpfeln und einer Butterflocke kurz anschwenken und Sternanis und Zimt zum Aromatisieren hinzugeben.

Das Ganze wird auf dem Fisch angerichtet, mit Petersilienblättchen garniert und als Beilage reicht man Salzkartoffeln dazu.

Eingelegte Salzzitronen

4 Bio-Zitronen
ca. 40 – 50 g Salz
kochendes Wasser
verschließbares Glas

Zitronen gründlich waschen, eine auspressen. Die restlichen 3 werden der Länge nach geviertelt (man kann auch so schneiden, dass die Zitrone am Ansatz noch zusammen hängt) und in das gut gereinigte Glas geschichtet, dazwischen wird das Salz gestreut. Mit dem Zitronensaft übergießen. Abschließend die Zitronen mit kochendem Wasser bedecken, das Gefäß fest verschließen und 4 – 6 Wochen kühl und dunkel ziehen lassen. Angebrochenes Glas im Kühlschrank aufbewahren.

Tipp: *Eingelegte Salzzitronen sind in Marokko eine Spezialität. Man kann sie kaufen aber auch leicht selbst zubereiten (siehe Zettel).*

Gefüllte Felchen
in der Alufolie

2 Personen:

2 küchenfertige Bodenseefelchen
½ Bund Petersilie
1 – 2 Knoblauchzehen
1 Zitrone
ca. 30 g Butterflocken
Salz, Pfeffer
80 ml Weißwein
2 große Bögen Alufolie

Fische innen und außen kalt abwaschen und trockentupfen. Mit einer spitzen Gabel innen entlang des Rückgrats mehrfach einstechen und mit einem scharfen Messer die Haut dreimal vorsichtig einritzen, damit die Aromen gut eindringen können. Sodann innen und außen salzen und pfeffern. Für die Füllung die gewaschenen Petersilienblätter und den Knoblauch fein hacken und vermischen, die Zitrone in Scheiben schneiden. Nun Kräuter, Zitronenscheiben und je 15 g Butter in die Felchen hinein drücken. Fische auf je einen Bogen Alufolie legen, den Weißwein vorsichtig in die Bauchhöhlen gießen und die Felchen fest in die Folie wickeln. Die Päckchen müssen gut verschlossen sein, damit keine Flüssigkeit herauslaufen kann.

Alupäckchen im vorgeheizten Backofen bei 160 Grad Umluft auf der mittleren Schiene (Gitterrost) circa 15 – 20 min (je nach Größe) garen. Beim Öffnen der Folie darauf achten, dass der Sud nicht ausläuft, der soll beim Anrichten vorsichtig über die Felchen gegossen werden. Dazu schmecken Kartoffeln oder Brot und ein knackiger Salat sehr gut.

Tipp: *Die Felchen in der Alufolie eignen sich auch hervorragend zur Zubereitung auf dem Grill!*

Gefüllte Zucchiniblüten

4 Personen als Vorspeise:

8 Zucchiniblüten mit Fruchtansatz

Fischfarce für die Füllung:
150 g grätenfreie Fischfilets ohne Haut (z.B. Trüsche, Weißfisch, Zander)
2 Eier
100 ml Sahne
Salz, Pfeffer, geriebene Muskatnuss
frische Kräuter wie Dill, Estragon, Petersilie – fein gehackt
eventuell ein paar Safranfäden
Olivenöl
Gratinform

Fischfilets abspülen, trockentupfen, in kleine Würfel schneiden und kurz anfrieren oder sehr gut kühlen. Auch alle anderen Zutaten für die Fischfarce müssen eiskalt sein! Das Fischfleisch wird mit dem Mixstab fein püriert, die Masse darf dabei höchstens handwarm werden. Gegebenenfalls nochmal kühlen. Die kalten Eier, die gekühlte Sahne sowie gehackte Kräuter zugeben und unter Zugabe von Salz, Pfeffer, Safran und Muskat mit einem Rührgerät gut durchmixen, bis eine feste, luftige Masse entsteht. Kühl stellen.

Von den Zucchiniblüten vorsichtig den Stempel in der Mitte herausschneiden. Mit Hilfe eines Spritzbeutels nun die Farce in die Blütenkelche füllen und die Spitzen der Blütenblätter vorsichtig zusammendrehen, so dass der Blütenkelch verschlossen ist. Hilfreich ist es, die Blüten zum Füllen in ein höheres Glas zu stellen.

Die Blüten werden nebeneinander in eine flache, gefettete Gratinform gelegt und mit Olivenöl beträufelt. Im vorgeheizten Ofen bei 220° C etwa 10 min backen, bis die Füllung gestockt und gar ist.

Die gefüllten Blüten kann man warm oder kalt genießen, frisches Baguette schmeckt gut dazu.

Tipp: Wer keinen Spritzbeutel hat, schneidet von einem Gefrierbeutel die Spitze ab und verwendet ihn so zum Füllen der Blüten!

Tipp: Man kann die gefüllten Blüten auch im Dampfgarer oder Dampftopf garen oder durch einen Backteig ziehen und frittieren.

Grätenfreies Hechtfilet

auf provenzalische Art

4 Personen:

600 g grätenfreies Hechtfilet ohne Haut (Gräten vom Fischer herausgeschnitten)
1 Zwiebel, fein gewürfelt
2 Tomaten, fein gewürfelt
1 Knoblauchzehe, fein gehackt
1 EL Kräuter der Provence (getrocknet)
1 EL Olivenöl
Salz (z.B. Selleriesalz), Pfeffer

Hechtfilet waschen, trockentupfen, in mehrere Stücke schneiden und mit Salz und Pfeffer würzen. Olivenöl in einer Pfanne erhitzen, die Hechtstücke darin von einer Seite anbraten, Tomaten-, Zwiebel- und Knoblauchwürfen dazugeben und alles einmal wenden. Kräuter der Provence darüber streuen und zugedeckt bei schwacher Hitze ca. 3 – 5 min (je nach Größe der Fischstücke) ziehen lassen.

Dazu schmecken Reis oder Bouillonkartoffeln.

Fischerei Roland Stohr

Hechtfilet
auf andalusische Art

4 Personen:

600 g Hechtfilet (Gräten vom Fischer herausgeschnitten)
3 EL Sherry
1 Tasse kernlose Trauben
250 ml Sahne
Curry, Salz, Pfeffer
Mehl zum Bestäuben
Margarine für die Auflaufform

Fischfilets abspülen, trockentupfen, salzen und eine Stunde ruhen lassen. Trauben waschen und vierteln, eine feuerfeste Form ausfetten. Die Filets mit dem Sherry beträufeln, mit Curry bestäuben und in Mehl wenden, abklopfen und nebeneinander in die Auflaufform legen. Dann die Trauben darüber verteilen und das Ganze 15 min bei 220 Grad im vorgeheizten Backofen garen. Anschließend den Fisch mit der flüssigen Sahne übergießen und pfeffern, die Form nochmal für 10 min ins Rohr schieben.

Zum andalusischen Hecht schmecken Reis, Kartoffeln und ein frischer Salat.

Fischerei Bichlmair

Hechtfrikadellen
auf Koriandergemüse

4 Personen:

Für die Frikadellen:
800 g Hechtfilet ohne Haut
1 große Zwiebel, sehr fein gehackt
2 Essiggurken, in sehr kleine Würfel geschnitten
gehackte Petersilie
Salz, Pfeffer, Knoblauchpulver
Fett zum Braten (Öl, Butterschmalz, Margarine)

Für das Gemüse:
2 kleine Kohlrabiknollen
2 Möhren
1 kleiner Chinakohl
frische Korianderblätter, gehackt
3 – 4 EL Sahne
Salz, Pfeffer
Fett zum Braten

Tipp: *Wenn Sie keinen Fleischwolf besitzen, lassen Sie sich das Hechtfilet bereits beim Fischer durchdrehen oder schneiden den Fisch selbst in ganz feine Würfel.*

Kohlrabi und Möhren schälen und in feine Scheiben, Streifen oder Würfel schneiden. In Salzwasser ca. 5 min bissfest garen und aus dem Sud nehmen.

Das Hechtfilet durch den Fleischwolf drehen (siehe Tipp), mit Gurken-, Zwiebelwürfeln und gehackter Petersilie zu einem Teig verkneten und mit Salz, Pfeffer und Knoblauchpulver abschmecken. Mit nassen Händen 8 Frikadellen formen.

Die Fischfrikadellen werden von beiden Seiten in heißem Fett kross ausgebraten, erstmals wendet man sie erst dann, wenn sie am Rand schon braun werden, sonst fallen sie auseinander.

Zwischenzeitlich den Chinakohl waschen, in feine Streifen schneiden und in einem Wok oder einer tiefen Pfanne in etwas Fett anschwenken, den gehackten Koriander hinzugeben. Mit Salz und Pfeffer würzen, das restliche Gemüse dazu geben, die

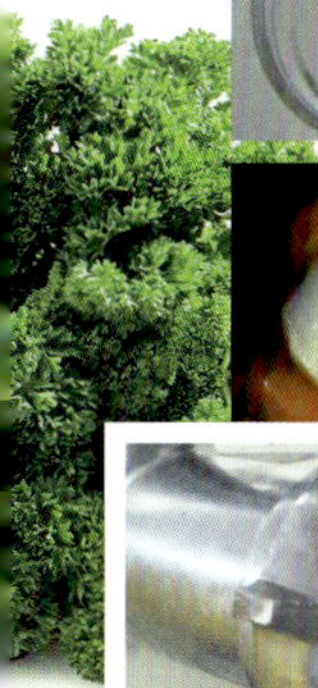

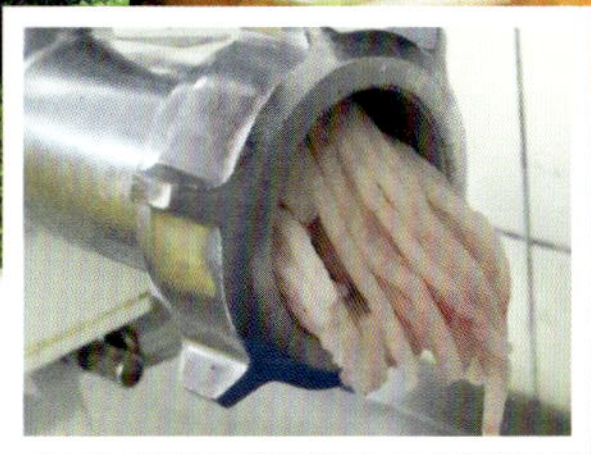

Sahne und ggf. etwas Gemüse-
sud für die Sauce angießen und
leicht einköcheln lassen.

Pro Person werden 2 Hecht-
frikadellen mit Gemüse angerichtet. Wer mag, kann dazu
auch Kartoffeln, Reis oder Brot
reichen.

Kaviar-Creme
vom Bodenseefelchen

Vorspeisenhäppchen:

100 g Felchen-Kaviar
100 g Frischkäse
100 g Schmand
Schnittlauch, Petersilie

Frischkäse und Schmand gleichmäßig miteinander vermischen und Schnittlauch-röllchen sowie gehackte Petersilie und den Kaviar unterheben. Salz ist nicht nötig, da der Kaviar salzig ist.

Die Kaviar-Creme schmeckt am besten auf kleinen Pumpernickel- oder Baguette-scheiben.

Tipp: *Bei Ihrem Fischer bekommen Sie im September und Oktober frischen Kaviar, in der restlichen Zeit hält er ihn tiefgefroren vorrätig!*

Kräftige Fischsuppe

4 Personen:

Für den Suppenfond:
1 kg Fischkarkassen (ohne Hecht)
2 l Wasser
250 ml Weißwein
je 100 ml Pernot und Noilly Prat
1 Knoblauchknolle, quer halbiert
1 Dose passierte Tomaten
½ Fenchelknolle, geputzt
4 Stangen Staudensellerie, geputzt
1 Pepperoni
10 g Salz
5 Pfefferkörner
Safranfäden

Suppeneinlage:
600 g grätenfreies Fischfilet (z.B. Saibling, Trüsche, Felchen, Kretzer)
2 Stangen Staudensellerie, geputzt

Fischkarkassen in Wasser, Wein und Noilly Prat mit Knoblauch, Salz, Pfefferkörnern, Pepperoni, 4 grob zerkleinerten Stangen Sellerie, Fenchelstücken (das Grün aufbewahren) sowie den passierten Tomaten aufkochen und ca. ½ Stunde köcheln lassen. Anschließend durch ein Sieb passieren und den Sud auf die Hälfte einreduzieren, mit Salz, Pfeffer, dem Pernod und ein paar Safranfäden abschmecken.

Als Einlage zunächst 2 weitere, diesmal sehr fein geschnittene Selleriestangen kurz mit ziehen lassen, dann die abgespülten und gesalzenen, in mundgerechte Stücke geschnittenen Fischfilets zugeben und im fertigen Sud ca. 3 min ziehen lassen, nicht mehr kochen. Zum Schluss nochmal abschmecken und die Suppe mit Fenchelgrün garniert servieren.

Dazu schmeckt knuspriges Baguette.

Kretzerfilet
auf lauwarmem Linsensalat

4 – 6 Personen als Vorspeise:

400 g Kretzerfilet ohne Haut
200 g Belugalinsen
3 EL Olivenöl
2 EL Balsamicoessig
125 g Speckwürfel
1 Zwiebel, fein gewürfelt
½ Knoblauchzehe, gepresst
½ TL Senf
1 – 2 Möhren, fein gewürfelt
Salz, Pfeffer, etwas Mehl
Butter
Salatblätter als Garnitur

Die Linsen nach Packungsanleitung zubereiten und in einem Sieb abtropfen lassen. Speckwürfel in einer beschichteten Pfanne vorsichtig auslassen, dann die Zwiebel- und Möhrenwürfel dazu geben, kurz mit anschwitzen.

Aus Olivenöl, Balsamicoessig, Knoblauch, Senf wird eine Vinaigrette gerührt und mit Salz und Pfeffer kräftig gewürzt. Die abgetropften Linsen und die Speck-Gemüsemischung in die Vinaigrette geben und das Ganze gut verrühren, abschmecken.

Die abgespülten und trocken getupften Kretzerfilets werden mit Salz und Pfeffer gewürzt, in Mehl gewendet und in Butter bei mittlerer Hitze goldgelb gebraten.

Den lauwarmen Linsensalat richtet man zusammen mit dem Fisch auf einer Salatgarnitur an.

Kretzerfilet im Bierteig

3 Personen:

450 g Kretzerfilet (Barsch) ohne Haut
250 g Mehl
3 Eier
ca. 300 ml Bier
Salz, Muskat
Öl zum Braten/Frittieren
1 Zitrone
Kräuterremoulade

Fischfilets abspülen, trockentupfen, salzen. Für den Bierteig das Mehl mit Salz und Muskat in eine Schüssel sieben. Ein ganzes Ei und 2 Eigelbe sowie ca. 300 ml Bier mit dem Schneebesen unterrühren, der Teig soll schön dickflüssig sein. Die 2 verbliebenen Eiweiße steif schlagen und mit dem Schneebesen zur Lockerung vorsichtig unter den Bierteig heben.

In einer Fritteuse oder tiefen Pfanne reichlich Öl erhitzen. Die Fischfilets durch den Bierteig ziehen und im schwimmenden Fett kross ausbacken. Überschüssiges Öl auf einem Küchenkrepp abtropfen lassen.

Zum Kretzer im Bierteig reicht man ein Zitronenstückchen sowie etwas Kräuterremoulade, gut schmeckt dazu auch ein Kartoffel-Gurkensalat.

Ofen-Fisch „Caprese"

4 Personen:

500 g gemischte Fischfilets ohne Haut (z.B. Trüsche, Hecht, Saibling, Felchen, Kretzer)
400 g geschälte, gewürfelte Tomaten (1 Dose)
125 g Mozzarella, in Scheiben geschnitten
1 große Tomate, in Scheiben geschnitten
1 kleine Zwiebel, fein gehackt
2 EL frische Kräuter, gehackt
Salz, Pfeffer aus der Mühle
Oregano, Basilikum, Thymian, Rosmarin, Petersilie – getrocknet
Paprika, Cayennepfeffer
Olivenöl
Butter für die Auflaufform
Basilikumblätter als Garnitur

Zwiebelwürfel in etwas Olivenöl anschwitzen, die Dosentomaten hinzu geben und einmal kurz aufkochen, mit den getrockneten Kräutern, Gewürzen und Salz pikant abschmecken. Diese Sauce in eine gebutterte Auflaufform füllen und die abgespülten und trocken getupften Fischfilets darauf verteilen. Leicht salzen, mit den gehackten Kräutern bestreuen und mit jeweils 1 Scheibe Tomate und 1 Scheibe Mozzarella belegen. Mit etwas Salz und Pfeffer aus der Mühle würzen.

Der Auflauf wird im vorgeheizten Backofen bei 200 ° C etwa 15 min überbacken und zum Schluss mit einigen Basilikumblättern ausgarniert.

Zum Gratin passt knuspriges Baguette, aber auch Reis schmeckt gut dazu.

Pochiertes Felchenfilet

in Gemüse-Weißwein-Rahmsößchen

2 Personen als Vorspeise:

2 Felchenfilets mit Haut
1 Karotte
1 Stück Sellerie
2 Frühlingszwiebeln
1 kleine Zwiebel
150 ml Weißwein
150 ml Sahne
½ TL Honig
2 EL Olivenöl
1 Lorbeerblatt
Salz, Muskat
Zitronenscheibe und Schnittlauch zum Garnieren

Fischfilets abspülen, trockentupfen, salzen. Gemüse waschen, putzen, schälen. Karotte und Zwiebel fein würfeln, Frühlingszwiebeln in dünne schräge Streifen und Sellerie in feine Stifte schneiden. Karotte, Zwiebel und Sellerie bei mittlerer Hitze in Olivenöl anschwitzen, mit Wein ablöschen und die Flüssigkeit einreduzieren lassen. Dann das Lorbeerblatt, die Sahne, den ½ TL Honig und die Frühlingszwiebeln hinzu geben, mit Salz und Muskat würzen. Jetzt den Fisch mit der Hautseite nach unten auf die Gemüsesauce setzen und den Fisch bei kleiner Hitze mit geschlossenem Deckel ca. 5 min pochieren.

Das Filet wird auf dem Gemüse angerichtet und mit Zitronenscheibe und Schnittlauch garniert. Dazu schmeckt ein frisches Holzofenbrot.

Tipp: *Das Gericht kann man auch mit jedem anderen dünnen Fischfilet zubereiten.*

Fischerei Horst Bichlmair, Wasserburg

Räucherfelchen-Mousse
auf Baguette

Vorspeise für 4 Personen:

ca. 300 g Räucherfelchenfilet ohne Haut (entspricht 2 ganzen Räucherfelchen)
1 Essiggurke
2 EL Mayonnaise oder Crème fraîche
Salz und Pfeffer
Baguettescheiben
Kräuter, Zitrone, Tomate etc. als Garnitur

Filet in Stücke zupfen, Gurke fein hacken. Mit einem Pürierstab aus den Fischstücken und der Mayonnaise oder Crème fraîche eine geschmeidige Masse mixen, die Gurken hinzufügen und die Mousse mit Salz und Pfeffer abschmecken. Achtung, Räucherfisch ist bereits salzig! Die Mousse streicht man auf Baguettescheiben und garniert sie hübsch mit Kräutern, Zitrone, Tomate etc. aus.

Tipp: *Die Räucherfelchen-Mousse eignet sich auch wunderbar für Partyhäppchen!*

Räucherfisch-Quiche

Für 1 Springform:

4 – 5 Räucherfischfilets ohne Haut (Felchen, Saibling, Forelle)
4 Platten tiefgefrorener Blätterteig, aufgetaut (oder 1 Rolle)
2 Stangen Lauch
1 Schuss Weißwein
1 Dose Weinsauerkraut (550 g)
400 g Crème fraîche
3 Eier
200 g geriebener Emmentaler
Salz, Pfeffer
geriebene Muskatnuss, gemahlener Kümmel
Butter
Mehl

Den Lauch halbieren, waschen und in feine Ringe schneiden, in etwas Butter anschwitzen, mit einem Schuss Weißwein ablöschen und so lange garen, bis die Flüssigkeit verdunstet ist. Beiseite stellen.

Springform gut ausbuttern. Die Teigplatten übereinander legen, mehlieren und mit dem Nudelholz auf die für die Form passende Größe ausrollen (oder den Teig von der Rolle passend zuschneiden). Teig in die Form drücken und an den Rändern etwas hochziehen, mit einer Gabel mehrfach einstechen.

Sauerkraut sehr gut ausdrücken und auf dem Teigboden verteilen, darauf gleichmäßig den Räucherfisch legen.

Crème fraîche, Eier, Salz, Pfeffer, Muskat und Kümmel mit einem Schneebesen verquirlen und 1/3 davon über den Fisch gießen. In den Rest den Käse einrühren und den Lauch unterheben. Das Ganze gleichmäßig auf der Quiche verteilen und sie im vorgeheizten Backofen bei 160 ° C und Umluft etwa 40 min backen.

Vor dem Anschneiden etwas ruhen lassen und mit einem frischen Blattsalat servieren.

Tipp: *Die Quiche lässt sich prima für Gäste vorbereiten und kann auch kalt genossen werden!*

Räucherfischsalat „Eberle"

10 Personen als Vorspeise:

800 g Räucherfischfilet
3 Tomaten
1 Apfel
4 Essiggurken
½ Gläschen Kapern
1 hartgekochtes Ei
1 ½ Becher Crème fraîche
etwas Kapern- oder Gurkenwasser
Schnittlauchröllchen

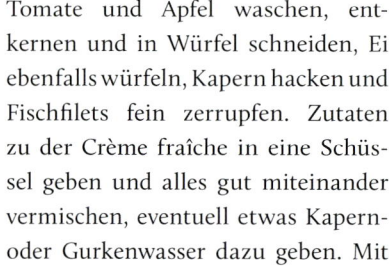

Tomate und Apfel waschen, entkernen und in Würfel schneiden, Ei ebenfalls würfeln, Kapern hacken und Fischfilets fein zerrupfen. Zutaten zu der Crème fraîche in eine Schüssel geben und alles gut miteinander vermischen, eventuell etwas Kapern- oder Gurkenwasser dazu geben. Mit Pfeffer, etwas Zucker und eventuell etwas Salz abschmecken (Achtung: Räucherfisch ist schon salzig!).

Der Salat wird mit Schnittlauchröllchen ausgarniert und zu frischem Baguette serviert.

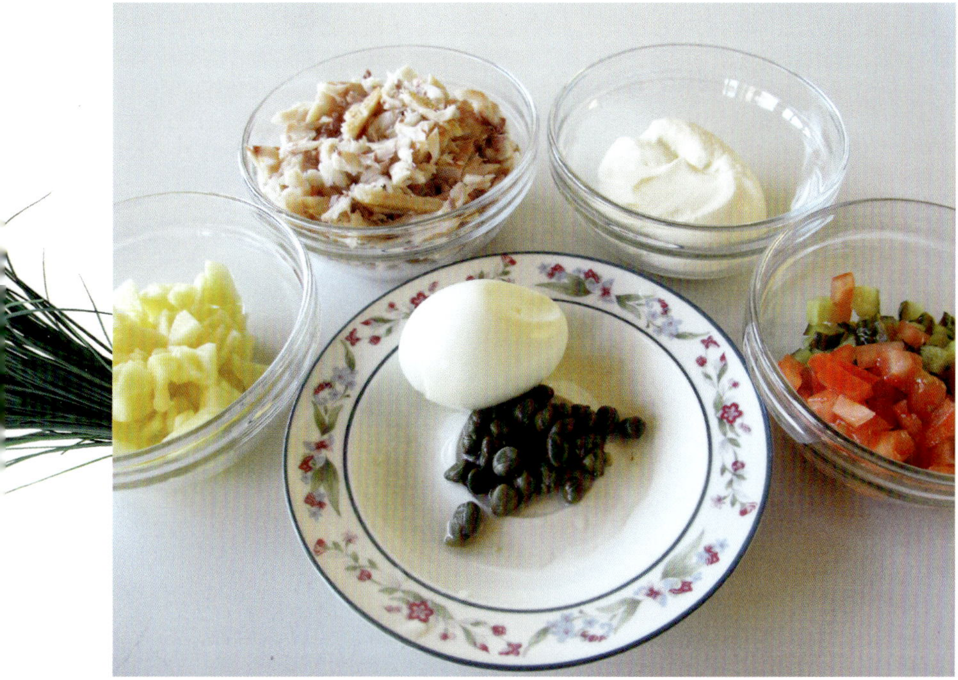

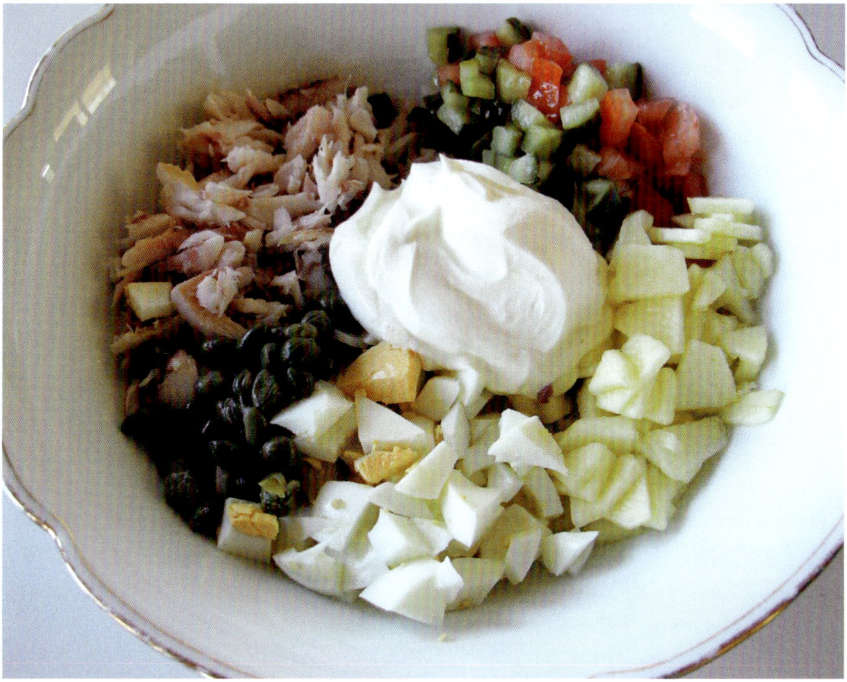

Räucherfischsalat
mit Linsen

4 – 6 Personen:

600 g Räucherfisch (z.B. Felchen, Saibling, Forelle)
250 g feine Linsen
je ½ Paprika rot, gelb und grün – fein gewürfelt
½ Stange Lauch in feinen Ringen
1 Karotte, fein gewürfelt
1 Tomate, fein gewürfelt
1 Zwiebel, fein gehackt
2 Essiggurken, fein gewürfelt
2 EL Schnittlauch in feinen Röllchen
2 EL Petersilie, gehackt
2 EL Essig
6 EL Öl
2 EL Zitronensaft
Salz, Pfeffer

Linsen nach Packungsanleitung zubereiten und abgießen. Den Räucherfisch von der Haut lösen, alle Gräten entfernen und das Fischfleisch vorsichtig zerpflücken. Aus Essig, Öl, Zitronensaft, Salz, Pfeffer und eventuell etwas Wasser eine Marinade rühren. Die abgekühlten Linsen, den Fisch und die gewürfelten Gemüse in eine große Schüssel geben, die frischen Kräutern darüber streuen und mit der Marinade übergießen. Alles vorsichtig vermengen und 1 – 2 Stunden durchziehen lassen. Vor dem Servieren nochmal abschmecken.

Zum Räucherfischsalat schmeckt frisches Brot besonders gut.

Tipp: *Der Salat ist, gut gekühlt, eine wunderbare Erfri-*
schung an warmen Sommertagen, schmeckt aber auch im
Winter zu einem Gläschen Rotwein sehr gut.

Räucherforellen-Tatar

mit Kräutersalat und Parmesan-Chip

5 Personen:

500 g Filet von der geräucherten Seeforelle
½ gelbe Paprika
½ rote Paprika
10 cm Gurke, geschält und entkernt
200 – 250 g Crème fraîche
Salz, Pfeffer, Balsamicoessig
5 EL Gartenkresse
Blattsalat als Beilage

Die Haut vom Fisch abziehen und das Filet in ca. 1 cm große Würfel schneiden. Paprika waschen, putzen und in kleine Stücke schneiden, Gurke ebenfalls waschen und würfeln. Alle Zutaten mit der Crème fraîche vorsichtig vermischen und mit Salz, Pfeffer und Balsamico abschmecken. Dazu reicht man einen frischen Blattsalat und bestreut mit Kresse.

Paprika-Parmesan-Chip

Parmesan nicht zu fein reiben und mit Paprikapulver vermischen. Kleine Häufchen auf ein mit Backpapier ausgelegtes Backblech setzen, etwas andrücken und den Käse im auf 200 ° C vorgeheizten Backofen einige Minuten schmelzen lassen. Herausnehmen, abkühlen.

Tipp: *Hierzu passt wunderbar ein Paprika-Parmesan-Chip (siehe Zettel).*

Rotaugenfilet
„Gärtnerinnen Art"

4 Personen:

600 g Rotaugenfilets mit Haut (mit der Grätenschneidemaschine eingeschnitten)
1 Karotte
½ Stange Lauch
1 Stück Sellerie
1 kleiner Zucchino
1 kleine Zwiebel
1 Zehe Knoblauch
1 Tasse Gemüsebrühe
Salz, Pfeffer
Mehl
Margarine zum Braten

Fischfilets abspülen, trockentupfen, salzen. Gemüse waschen, putzen, schälen und in sehr feine Ringe/Streifen (Julienne) schneiden oder hobeln.

Den Fisch beidseits mehlieren, abklopfen und in reichlich Fett von beiden Seiten in einer Pfanne knusprig braten. Zwischenzeitlich auch die Gemüsestreifen in einer Pfanne mit Fett kurz andünsten (es soll bissfest bleiben), würzen und mit der Brühe aufgießen. Leicht ziehen lassen.

Das Gemüse wird dekorativ mit dem Fisch angerichtet, dazu passen Salzkartoffeln.

Saibling
nach „Müllerin Art"

pro Person:

1 ganzer Bodenseesaibling, küchenfertig
½ Bund Basilikum
½ Bund Thymian
½ Bund Petersilie
2 EL Rapsöl
Salz, Pfeffer
2 Schalotten, fein gewürfelt
Mehl
Butter
200 g geputzte Shiitake-Pilze
gehackte Petersilie, Cocktailtomaten
1 Streifen Alufolie

Die Blättchen von den gewaschenen Kräutern zupfen, fein hacken und mit dem Rapsöl vermischen. Den innen und außen gewaschenen und trockengetupften Saibling salzen und pfeffern, mit der Hälfte der Kräutermischung von beiden Seiten einreiben und in Mehl wenden. Die restlichen Kräuter mischt man mit den gewürfelten Schalotten und füllt sie in die Bauchhöhle des Saiblings.

Der Fisch wird nun in Butter bei mittlerer Hitze von beiden Seiten goldbraun gebraten, dabei wendet man ihn erstmals nach 2 – 3 min. Damit er auf der Oberseite besser durchzieht, legt man nach dem Wenden locker einen schmalen Streifen Alufolie darauf. Auf jeder Seite 2 x braten und abdecken. Zum Schluss die geputzten und in Scheiben geschnittenen Shiitake-Pilze kurz mit dünsten, gehackte Petersilie hinzu geben und mit Salz und Pfeffer abschmecken.

Den Fisch mit den Pilzen anrichten und mit ein paar Kräutern und Cocktailtomaten ausgarnieren. Dazu schmeckt eine Ofenkartoffel mit Kräuterquark.

Tipp: *Der Fisch ist gar, wenn sich die Rückenflosse leicht herausziehen lässt und nicht mehr glasig ist.*

Saiblingsfilet
auf buntem Gemüse im Pergamentpapier

2 Personen:

2 Saiblingsfilet mit Haut à 150 g
1 Stange Staudensellerie
1 Möhre
1 Pastinake
2 TL Thymianblättchen
(Kräutermeer)salz
2 EL Rapsöl
2 TL Schalenabrieb von einer Biozitrone
4 große Bögen Pergamentpapier
4 Büroklammern

Möhren-Kartoffel-Rösti

Grob geraspelte Pellkartoffeln vom Vortag mit halber Menge geraspelter Karotten mischen, salzen. In Butter anbraten, zu kleinen Rösti zusammenschieben, andrücken. Zugedeckt bei schwacher Hitze von beiden Seiten goldgelb braten.

Staudensellerie waschen, putzen und in Scheiben schneiden, Möhre und Pastinake schälen und klein würfeln. Das Gemüse in kochendem Salzwasser 2 min kochen oder dampfgaren, abgießen.

Pro Portion zwei Bögen Pergamentpapier aufeinander legen, mit Rapsöl bepinseln und die Hälfte des Gemüses darauf verteilen.

Den Fisch abspülen, trockentupfen, ggf. Bauchflosse rausschneiden, halbieren oder vierteln, mit der Haut nach unten auf das Gemüse setzen, salzen und mit Thymian und Zitronenabrieb bestreuen.

Das Papier nun zu einem geschlossenen Päckchen falten, die Außenränder mehrfach einschlagen und eventuell mit einer Büroklammer feststecken. Päckchen auf dem Backblech bei 200 ° C im vorgeheizten Ofen 15 min garen.

Die Päckchen werden aufgerissen und auf dem Teller dekorativ angerichtet. Dazu schmecken Möhren-Kartoffel-Rösti (Rezept siehe Zettel).

Tipp: Statt Pergamentpapier kann man auch Backpapier verwenden.

Salat vom eingelegten Weißfisch

6 Personen:

1 kg Weißfischfilets (Rotauge, Aitel, Brachse o.ä.)

Für die Marinade:
1 l 5%iger Essig
1 l Wasser
Wacholderbeeren, Pfefferkörner, Senfkörner nach Geschmack
3 Zwiebeln, in Ringe geschnitten
Zucker, Salz
Für die Salatsoße:
150 g Magerjoghurt
3 EL Crème fraîche
1 EL Meerrettich
½ EL mittelscharfer Senf
Salz, Zucker, Pfeffer
1 – 2 säuerliche Äpfel, gewürfelt
3 – 4 Essiggurken, gewürfelt

Filets waschen, trockentupfen und in 2 – 3 cm große Stücke schneiden. Die Filetwürfel in ein genügend großes verschließbares Gefäß schichten und mit der Marinade übergießen. Der Fisch muss mit Marinade bedeckt sein. Das Gefäß verschließen und mindestens 24 Stunden kühl stellen.

Für den Salat die durchgezogenen Filets und Zwiebeln aus der Marinade nehmen und gut abtropfen lassen. Aus Joghurt etc. die Salatsauce anrühren und Apfel- und Gurkenwürfel dazu geben. Mit Salz, Pfeffer und Zucker pikant abschmecken. Abschließend Fisch und Zwiebeln unterheben und den Salat ca. 1 – 2 Stunden ziehen lassen.

Zum Weißfischsalat passen gut ein kräftiges Bauernbrot, ein Baguette oder Pellkartoffeln.

Tipp: *Durch die saure Marinade lösen sich die Gräten der Weißfische auf!*

Fischerei Bichlmair

Saure Bratfelchen
mit Hausfrauensauce und Pellkartoffeln

4 Personen:

Für die sauren Bratfelchen:
8 Felchenfilets mit Haut
Mehl, Fett zum Braten
1 Zwiebel, in Ringe geschnitten
1 Liter Wasser
1 Tasse Essig
½ Tasse Zucker
1 EL Salz
1 Lorbeerblatt
Kochfischgewürz

Für die Hausfrauensauce:
1 kleine Zwiebel, in Ringe geschnitten
1 Apfel, in Scheiben gehobelt
1 – 2 Gewürzgurken, in Scheiben geschnitten
4 EL Mayonnaise oder Crème fraîche
etwas Sahne oder Milch
Salz, Pfeffer
Prise Zucker

Für den Sud das Wasser mit Essig, Zucker, Salz und Gewürzen aufkochen und gut umrühren bis alles gelöst ist. Zwischenzeitlich die Filets abspülen, trockentupfen, mit Salz und Pfeffer auf der Fleischseite würzen und in Mehl wenden, in der Fritteuse oder einer Pfanne in reichlich Fett ausbraten, bis sie goldbraun sind (5 – 6 min).

Filets auf Küchenkrepp abtropfen lassen und in ein verschließbares Gefäß geben, die Zwiebelringe darauf verteilen. Nun den heißen Sud angießen und die Bratfelchen abgedeckt 2 Tage im Kühlschrank ziehen lassen.

Für die Hausfrauensauce wird Mayonnaise/Crème fraîche mit etwas Sahne oder Milch glatt gerührt, mit Salz, Pfeffer und einer Prise Zucker abgeschmeckt und die Apfel-, Zwiebel- und Gurkenstückchen untergehoben.

Zu den durchgezogenen Bratfelchen mit der Hausfrauensauce schmecken Pellkartoffeln besonders gut.

Tipp: *Die Apfelscheiben werden nicht braun, wenn man gleich nach dem kleinschneiden Zitronensaft darüber träufelt.*

Achtung: *Dieses Gericht braucht 2 Tage Vorbereitungszeit, weil die Bratfelchen im Sud marinieren müssen!*

Sülze
vom geräucherten Bodensee-Aal

4 Personen:

600 g geräuchertes Aalfilet ohne Haut
1 l Fond vom geräucherten Aal (siehe Rezeptbeschreibung)
bestehend aus Haut, Kopf und Schwanz von 2 Räucheraalen und 1 l Wasser
Essig, Zitronensaft
60 g Schalotten, fein gewürfelt
200 ml Weißwein
15 Blatt Gelatine
180 g kleine Gemüsewürfel, blanchiert (Lauch, Sellerie, Karotte)
gehackte Kräuter
Salz, Pfeffer

Für den Aalfond Haut, Kopf und Schwanz von 2 Räucheraalen in 1 l Wasser ca. 1 Stunde köcheln lassen.

Die Schalottenwürfel im Weißwein solange dünsten, bis die Flüssigkeit verdampft ist, beiseite stellen.

Den Aalfond mit Essig und Zitronensaft kräftig sauer würzen, er darf leicht überwürzt sein, denn beim Erkalten lässt die Intensität nach. Salzen ist nicht nötig, da der Räucheraal salzig ist. Anschließend auf die Hälfte (500 ml) einkochen.

Gelatine nach Packungsanleitung einweichen, ausdrücken und in den reduzierten Fond einrühren.

Aalfilets in Würfel schneiden, mit gehackten Kräutern und den Gemüse- und Schalottenwürfel in vier Timbales oder eine große Terrinenform geben und mit dem Fond aufgießen. Abdecken und kalt stellen.

Zur Sülze schmecken herzhaftes Brot und Salatvariationen.

Tipp: *Die Sülze sollte am Vortag hergestellt werden und gut durchgekühlt sein.*

Tipp: *Für ein Buffet kann man die Sülze auch in kleine Gläser füllen.*

Trüschenröllchen
in Wein-Rahm-Sauce

4 Personen:

600 – 800 g Trüschenfilet ohne Haut
Petersilie und Schnittlauch, gehackt
1 Zwiebel, fein gewürfelt
1 Knoblauchzehe, fein gehackt
20 g Butter
1 – 2 TL Mehl
250 ml trockener Weißwein vom Bodensee
250 ml Sahne
250 ml Fischfond
Salz, Pfeffer, Prise Zucker
Zahnstocher

Trüschenfilets waschen, trockentupfen, mit Salz und Pfeffer würzen und mit gehackten Kräutern bestreuen (siehe Tipp). Filets zu Röllchen drehen und mit einem Zahnstocher feststecken.

Für die Sauce die gehackte Zwiebel und Knoblauch in Butter glasig dünsten, Mehl einstreuen und unter Rühren kurz anschwitzen. Mit Weißwein ablöschen, etwas einreduzieren lassen und den Fischfond angießen. Sahne dazu geben und bei kleiner Hitze leicht köcheln lassen, mit Salz und einer Prise Zucker abschmecken.

Die Trüschenröllchen in die fertige Sauce legen und bei schwacher Hitze mit Deckel ca. 10 min ziehen lassen (nicht kochen!). Abschließend die restlichen gehackten Kräuter in die Sauce geben und die Trüschenröllchen (Zahnstocher herausziehen!) mit Bandnudeln oder Reis servieren.

Dazu passt ein knackiger Salat.

Tipp: *Zur Bärlauchsaison kann man auch ein ganzes Bärlauchblatt mit dem Fisch einrollen!*

Zweierlei Crêpes
mit Felchenkaviar

4 Personen:

Für die Crêpes:
250 g Mehl
½ l Milch
3 Eier
1 TL Salz
Fett zum Braten

Für die Füllungen:
250 g Felchenkaviar
1 Becher Crème fraîche
1 Becher Kräuterquark
sehr feine Gemüsewürfel (z.B. Karotte,
Lauch, Sellerie, Zwiebel)
Gurken-/Tomatenstückchen und Feld-
salat als Garnitur

Für den Teig das Mehl mit 2/3 der Milch verrühren, die Eier einzeln unterziehen und zum Schluss die restliche Milch sowie das Salz einrühren. Den Teig nochmal kräftig durchschlagen bis er glatt und klümpchenfrei ist und 10 min ruhen lassen. Dann in einer beschichteten Pfanne mit wenig Fett dünne Crêpes ausbacken.

Für **Variante A** die Crêpes mit je einem Esslöffel Crème fraîche und anschließend einem Esslöffel Felchenkaviar bestreichen und je einen Esslöffel Gemüsewürfel darauf verteilen. Die Crêpes aufrollen und in der Mitte schräg durchschneiden.

Für **Variante B** die Crêpes zunächst mit einem Esslöffel Kräuterquark und anschließend einem Esslöffel Felchenkaviar bestreichen, dann die Crêpes ebenfalls aufrollen und in der Mitte schräg halbieren

Die Crêpe-Variationen werden zusammen mit Gurken- und Tomatenstückchen sowie etwas Feldsalat dekorativ angerichtet.

Tipp: *Die Crêpes eignen sich auch prima als Fingerfood oder für ein kaltes Buffet.*

Tipp: *Wer die Gemüsewürfel nicht roh mag, kann sie auch vorher kurz anschwitzen und erkalten lassen.*

Variante A: Variante B:

Rezepteverzeichnis